Michael Kühner

TRÜMMER-
MORDE

Michael Kühner

TRÜMMER-MORDE

*Spektakuläre Verbrechen
im Stuttgart der Nachkriegszeit*

Besuchen Sie uns im Internet:
www.gmeiner-verlag.de

© 2017 – Gmeiner-Verlag GmbH
Im Ehnried 5, 88605 Meßkirch
Telefon 0 75 75 / 20 95-0
info@gmeiner-verlag.de
Alle Rechte vorbehalten
1. Auflage 2017

Redaktion: Anja Sandmann
Lektorat: Isabell Michelberger
Layout / Herstellung: Susanne Lutz
Umschlaggestaltung: Lutz Eberle
unter Verwendung eines Fotos © Polizeihistorischer Verein Stuttgart e.V.
Druck: CPI books GmbH, Leck
Printed in Germany
ISBN 978-3-8392-2079-5

Gewidmet den Kriminal- und Schutzpolizeibeamten der Nachkriegszeit in Stuttgart, die unter heute unvorstellbaren Bedingungen versucht haben, nach bestem Wissen und Gewissen Stuttgart wieder lebenswert und sicher zu machen. Einige davon waren für mich Vorbilder, insbesondere der langjährige Chef der Stuttgarter Kriminalpolizei Kurt Frey und Landeskriminaldirektor Heinz Hertlein. Ohne deren Förderung wäre meine Polizeilaufbahn sicher nicht so erfolgreich verlaufen.

INHALT

Vorwort 9

Affekt oder eiskalter Mord? 15

Tod einer Schwarzhändlerin 45

Mord an einem Polizeibeamten: Der Fall Boris J. 71

Der Todesfahrer 97

Wildwest im Kino – und noch ein Mord 115

Wenn die Fantasie Amok läuft 145

Der erste Kidnapping-Fall in Deutschland 177

Danksagung 205

Quellenverzeichnis 207

VORWORT

Erinnerungen ... Geboren 1948, wuchs ich im Stuttgarter Westen in einer Zweizimmerwohnung auf. Der Kohleofen sorgte dürftig für Wärme, die Waschschüssel stand in der Küche, das Klappbett im Wohnzimmer musste ich mit meiner Zwillingsschwester teilen. Tagsüber spielte sich in diesem Wohnzimmer das gesamte Zusammenleben der Familie ab: Mittagessen, Abendessen, Hausaufgaben ... Ganz still musste es sein, wenn der Vater sich von seiner anstrengenden Arbeit ausruhte. Meist verzogen wir Kinder uns dann nach draußen und spielten im Hinterhof, bis der Hausverwalter, ein verbitterter alter Mann, uns davonjagte. Samstag für Samstag schleppte ich als Zehnjähriger die Kohlen für unsere gehbehinderte Nachbarin in den 5. Stock. Die 30 Pfennig, mit denen die alte Dame mich entlohnte, waren mein erstes Taschengeld.

Es war eine »normale«, entbehrungsreiche Kindheit zwischen den Trümmern einer vom Krieg gezeichneten Großstadt. Meine Spielplätze waren der nahe gelegene Hoppenlau-Friedhof und die vielen Ruinen und Bunker, von denen stets eine eigenartige, schaurig-gruselige Faszination ausging. Obwohl das Betreten verboten war, begab ich mich immer wieder dorthin und suchte, neugierig erregt, nach irgendetwas. Granatsplitter, Blindgänger, verborgen zwischen Backsteinen und Mauerresten – alles Mögliche förderte ich bei meinen Streifzügen zutage. Bis weit in die 1950er-Jahre hinein bildete diese bizarr-gefährliche Szenerie mein Abenteuerland. Erst Anfang der 1960er-Jahre verschwand langsam die gewohnte Kulisse der Nachkriegszeit, Ruine um Ruine. Neubauten, meist eher einförmig, zweckorientiert und funktional als schön, entstanden und prägten nunmehr das neue Bild der Stadt.

Der jahrelange Krieg hatte die Bevölkerung in einen apathischen und desillusionierten Zustand versetzt und das Leben danach, in einem kollabierten Gemeinwesen, stellte sich zunächst als ein Kampf ums nackte Überleben dar. Allein in den ersten vier Wochen nach der Besetzung durch die Alliierten wurden 73 Männer, 13 Frauen und neun Kinder erstochen, erwürgt oder durch Explosionen getötet. 2000 Vergewaltigungen wurden angezeigt. Seitenlange Vernehmungen und Ermittlungsschritte, in die Schreibmaschine diktiert und gebunden zu Kriminalakten, ergänzt durch Tatortfotografien, dokumentieren in emotionsloser Sachlichkeit das erfasste Kriminalitätsgeschehen der Nachkriegszeit in Stuttgart bis Ende der 1950er-Jahre. Zum Beispiel:

Eine Leiche, mitten auf dem Gehweg, in irgendeiner Bar, Werkstatt oder auch in einem der damals meist spärlich möblierten Zimmer. Und dann der Text, vorne in die Akte eingeklebt, in DIN A5: Mord an Walter R. geb. 1901 und an Ursula R., geb. 1936, sowie Mordversuch an seiner Ehefrau Elisabeth R. geb. 1905, in der Nacht vom 7./8.7.45. R. wurde mit seiner Tochter Ursula in der Wohnung von durchziehenden franz. Truppen erschossen. Die Tochter Ursula starb an den Folgen der schweren Stichverletzungen an Händen und Unterleib im Krankenhaus Leonberg. Frau Elisabeth R. wurde im Zimmer von den Soldaten vergewaltigt und dann in die rechte Schulter geschossen.

Der barbarische Fall kam nie zur Aufklärung. Damals gehörte aber nicht nur Mord durch marodierende Soldaten zur Tagesordnung, sondern auch Gewalttaten durch sogenannte »Displaced Persons«, darunter zum Beispiel Zwangsarbeiter und Kriegsgefangene, Vertriebene, die nicht zurück in ihre osteuropäische Heimat wollten, entwurzelt, voller Hass, Menschen mit zerrissenen Biografien, dahinvegetierend in Kasernen und Lagern oder vagabundierend durch die besetzten Zonen.

Eine nicht unbeträchtliche Zahl an Menschen kam nach Ende des Krieges nicht mehr mit ihrem Leben zurecht. Das

Kollabieren der staatlichen Ordnung nach dem totalen Zusammenbruch des Deutschen Reichs ließ bis in die 1950er-Jahre die Hemmschwelle zum Morden ins Bodenlose sinken.

Vor dem Hintergrund meiner Kindheitserlebnisse im Nachkriegs-Stuttgart und meiner langjährigen Arbeit bei der Stuttgarter Polizei sind die »Trümmermorde« und ihr spezifisches Zeitfenster in der Stuttgarter Stadt- und Kriminalgeschichte für mich in einer ganz besonderen Weise interessant. Einerseits zeigen sie das Kriminalitätsbild einer chaotischen, traumatisierten und den verheerenden Folgen des Krieges geschuldeten Ausnahmezeit, in welcher der menschliche Abgrund offenbar die Normalität war. Sie zeigen aber auch epochenübergreifend, dass die »klassischen« Mordmotive trotzdem meist dieselben bleiben und dass das individuelle Schicksal eines Menschen es oft von erschreckend banalen oder erstaunlichen Zufällen abhängig macht, ob man den nächsten Tag noch erlebt. Den Mörder per se gibt es nicht und ein Mensch wird auch nicht als Mörder geboren. Motive, Persönlichkeit und Umwelteinflüsse – das Zusammenspiel all dieser Faktoren ist von Fall zu Fall verschieden. Zweifellos bildete bei den hier im Buch beschriebenen Mordfällen die gesellschaftliche Situation der Nachkriegszeit, in Verbindung mit den meist schrecklichen Kriegserfahrungen, einen wichtigen Kontext oder Auslöser für die begangene Tat. In der Gesamtschau mit den Morddelikten, die mir in den Jahrzehnten meiner eigenen, 1967 begonnenen Polizeiarbeit begegnet sind, konnte ich jedoch erkennen, dass sich offenbar ein Bündel an immer gleichen Motiven zum Töten wie ein roter Faden durch die Kriminalgeschichte zieht: die Gier nach Geld, Besitz oder Ansehen, manische Liebe und natürlich auch Rache, Triebbefriedigung und Erniedrigung. Je nach Ausgangssituation und in unterschiedlichster Kombination werden diese Motive zum Auslöser für das Töten, einen Akt, der irreversibel und nicht mehr reparierbar ist: Der Mord ist ein Schlusspunkt, es ist vorbei, endgültig aus für das Opfer.

Und was für mich als erfahrener Kriminalist überdies noch faszinierend ist: Man darf es als eine polizeihistorische Besonderheit betrachten, wie speziell in diesem Zeitfenster von 1945 bis in die späten 1950er-Jahre eine personell darniederliegende Kriminalpolizei – nach der Besetzung durch die Alliierten waren gerade noch fünf Kriminalbeamte im Dienst, die nicht in der NSDAP gewesen waren – hier mit einer vorbildlichen Dienstauffassung akribisch versuchte, die Stuttgarter Mordfälle aufzuklären. Ohne Fachausbildung, von der Straße weg eingestellt, von den paar übrig gebliebenen »Alten« argwöhnisch beobachtet und nicht ernst genommen, blätterten die jungen Polizeikräfte in alten Akten, um zum Beispiel wenigstens zu erfahren, wie man einen Fall korrekt und sachgerecht zu Papier bringt. Dass diese neuen Kriminalbeamten, desillusionierte Flakhelfer und Kriegsheimkehrer, zusammen mit ihren Kollegen der Schutzpolizei den Übergang vom nationalsozialistischen Polizeistaat hin zu einem sicheren, geordneten und demokratischen Nachkriegs-Stuttgart mitgestalteten, nicht selten unter Einsatz ihres Lebens, ist ein ebenso bewegender wie einmaliger Teil Stuttgarter Polizeigeschichte.

Anhand von sieben Mordfällen, alle geschehen in der Zeit von 1945 bis 1958, möchte ich im vorliegenden Buch ein Bild von der Welt des Verbrechens und der Polizeiarbeit in dieser Ausnahmezeit zeichnen: Taten, begangen aus Hass, aus Geldgier, in Panik oder auch im jugendlichen Fantasierausch, kaltblütig geplante Morde – und junge, besessene, ehrgeizige Kriminalbeamte auf der Suche nach der Wahrheit.

Aus rechtlichen Gründen wurden teilweise Namen von den in den Texten vorkommenden Personen und Handlungsorte verfremdet. Dies ändert jedoch nichts an der Authentizität der beschriebenen Fälle, die ausschließlich auf den Fakten der polizeilichen Ermittlungsakten beruhen.

Oben: Michael Kühner (links im Kinderwagen) während einer sonntäglichen Ausfahrt mit Mutter und Zwillingsschwester im zerstörten Stuttgart, um 1949
Unten: Selten ging es mit dem Vater raus: der Autor (rechts) mit der Schwester, 1951

AFFEKT ODER EISKALTER MORD?

Als Karin S. am 26. Juli 1948 brutal auf den Kopf ihres Mannes einschlägt und diesem anschließend noch ein Messer in den Hals rammt, ist sie 35 Jahre alt. Zu diesem Zeitpunkt sind die Eheleute bereits vier Jahre verheiratet und haben miteinander ein florierendes Polsterergeschäft im Stuttgart der Nachkriegszeit aufgebaut. Was führte zu der schrecklichen Tat von Karin S.? Waren es ihre jahrelang durchlittenen Kriegserlebnisse, geprägt von Hunger, Angst und Entbehrungen, ständig die Todesgefahr vor Augen, die Karin S. so gefühllos und abgestumpft machten, dass sie zur Mörderin wurde? War es die Gier nach einem besseren Leben nach all den Jahren des Alleinseins, begleitet von der Angst ums Überleben? Nicht immer sind es »nur« die Verhältnisse, die einen Menschen zum schlimmsten aller Verbrechen treiben. Mörder töten aus den vielfältigsten Gründen und Motiven. Wie schwer es ist, die Wahrheit zu finden, die Schuld zweifelsfrei festzustellen, zeigt der Fall des kaltblütigen Gattenmordes der Karin S.

EINE GRAUSAME ENTDECKUNG Es ist ein Dienstag, den der 26-jährige Valentin Fröhlich so schnell nicht vergessen wird. Wie jeden Werktag verlässt er am 27. Juli 1948 gegen 6.30 Uhr seine Wohnung in Stuttgart-Wangen, um zur Arbeit zu gehen. Fröhlich ist gelernter Polsterer und Tapezierer. Fast ein Jahr arbeitet er jetzt schon bei Fritz Sturm, der noch vier Gesellen und zwei Lehrlinge angestellt hat. Er denkt noch an den anstrengenden gestrigen Arbeitstag, an dem er erst nach halb sechs Uhr mit der Arbeit fertig war und die Werkstatt verlassen konnte. Aber er ist zufrieden. Er hat zumindest Arbeit und der Chef, Polsterermeister Sturm, behandelt seine Mitarbeiter anständig und freundlich. Lediglich mit dem Arbeiter Fritzlen gibt es immer wieder Ärger. Bis vor drei Wochen war dieser noch Vorarbeiter und steht jetzt kurz vor dem Rausschmiss. Fröhlichs Arbeitsstelle befindet sich in Stuttgart-Untertürkheim, auf dem Werksgelände der Puritas-Werke, nur einen Steinwurf von den Daimler-Motorenwerken entfernt. Die Werkstatt ist im ersten Stock eines zweistöckigen Hinterhauses untergebracht. Im Erdgeschoss logiert eine Schmiedewerkstatt, die Räume im zweiten Stock sind als Wohnung vermietet.

Am Bahnhof im Stuttgarter Vorort Wangen trifft Fröhlich seinen Arbeitskollegen Kurt Schneider, der erst seit zwei Wochen bei Sturm beschäftigt ist. Kurz vor 7 Uhr kommen die beiden an ihrer Arbeitsstelle an. Da Fröhlich sich als äußerst zuverlässig erwiesen hat, bekam er vom Chef den Schlüssel für die Haustüre ausgehändigt mit der Maßgabe, immer pünktlich und als Erster im Geschäft zu sein. Er wundert sich an diesem Morgen, weil die Haustüre nur zugezogen und nicht verschlossen ist. Weder innen noch außen steckt überdies ein Schlüssel. Mit Schneider geht er nun die Treppe hoch zur Polsterei und öffnet die eingeklinkte Tür zur Werkstatt. »Komisch«, denkt Fröhlich, »der Volksempfänger dudelt ja noch.« Nach drei Schritten bleibt der junge Polsterer wie angewurzelt stehen und starrt mit weit aufgerissenen Augen

Tatort Mercedesstraße 172, Werkstatt im ersten OG

auf den Werkstattboden, wo er seinen Chef inmitten einer Blutlache liegen sieht. »Du betrittst den Raum nicht mehr«, ruft Fröhlich seinem Kollegen erregt zu. »Ich hole die Polizei. Und rühr nichts an!«

DIE MORDKOMMISSION NIMMT DIE ERMITTLUNGEN AUF
Kurz nach 7 Uhr klingelt der Alarmapparat der Dienststelle 1, zuständig für Tötungsdelikte. Am Telefon ist der Wachhabende des 11. Polizeireviers, der mitteilt, dass vermutlich ein Mord geschehen ist. Bei dem Toten handle es sich um den Sattlermeister Fritz Sturm, der Tatort sei dessen Geschäft in Stuttgart-Untertürkheim in der Mercedesstraße 172.

Kriminal-Inspektor Farnbacher ist erst seit ein paar Wochen bei der Mordkommission. Er murmelt noch etwas von einem ausgefallenen Frühstück, leert hastig im Stehen seine Kaffeetasse und eilt zum Dienstwagen. Zusammen mit Kriminal-Sekretär Heinz Hertlein trifft er um 8 Uhr am Tatort ein. Die Kriminaltechniker kommen nur kurze Zeit später am Tatort an, ebenso der Kripochef Polizei-Direktor Kneer.

Den Beamten bietet sich folgendes Bild der Werkstatt:

Unmittelbar rechts neben der Tür steht eine halb fertige Couch, gegenüber ein Arbeitstisch, auf dem sich ein Überzugsstoff, zwei Rollen Bindfaden, eine Kartonschere, ein Weinglas, eine braune lederne Aktentasche und zwei Ahlen befinden. Unter dem Tisch liegt ein blutbeschmierter Wildlederhandschuh. Etwa einen Meter vom Tisch entfernt liegt der Tote in Bauchlage. Das Gesicht liegt direkt auf dem Boden auf. Am Hinterkopf stellen die Beamten eine hühnereigroße Wunde fest, aus der Gehirnmasse nach außen getreten ist. Der Kopf muss massiv mit stumpfer Gewalt traktiert worden sein. An der linken Halsseite, dicht unterhalb des Kinns, steckt ein Messer. Neben dem Kopf liegt ein blutverschmiertes Küchenmesser. Etwa 20 Zentimeter vom Kopf entfernt befindet sich ein eiserner Anschlaghammer.

Der ausgebrochene Stiel liegt am rechten Oberarm des Opfers. Das Gesicht des Toten liegt in einer ausgedehnten Blutlache, die sich in länglicher Form rechts und links vom Kopf auf eine Länge von 2,20 Meter und eine Breite von 30 bis 40 Zentimeter hinzieht. Um den Kopf befinden sich auf dem Boden strahlenförmig ausgeprägte massive Blutspritzer bis zu einer Entfernung von 1,5 Meter. Beim Wenden der Leiche wird ein stark mit Blut behaftetes Gesicht sichtbar, das linke Auge ist geschlossen. Der Kragen des Hemdes ist mit Blut durchtränkt, ebenso die Krawatte. Das Hemd ist in der Nähe der linken Halsseite gerissen. Bei näherer Betrachtung stellen die Beamten mehrere Einstiche im Hals fest. Am linken Arm trägt der Tote eine Armbanduhr, deren Uhrwerk steht. Die Zeiger stehen auf 7.42 Uhr. Unter dem Toten

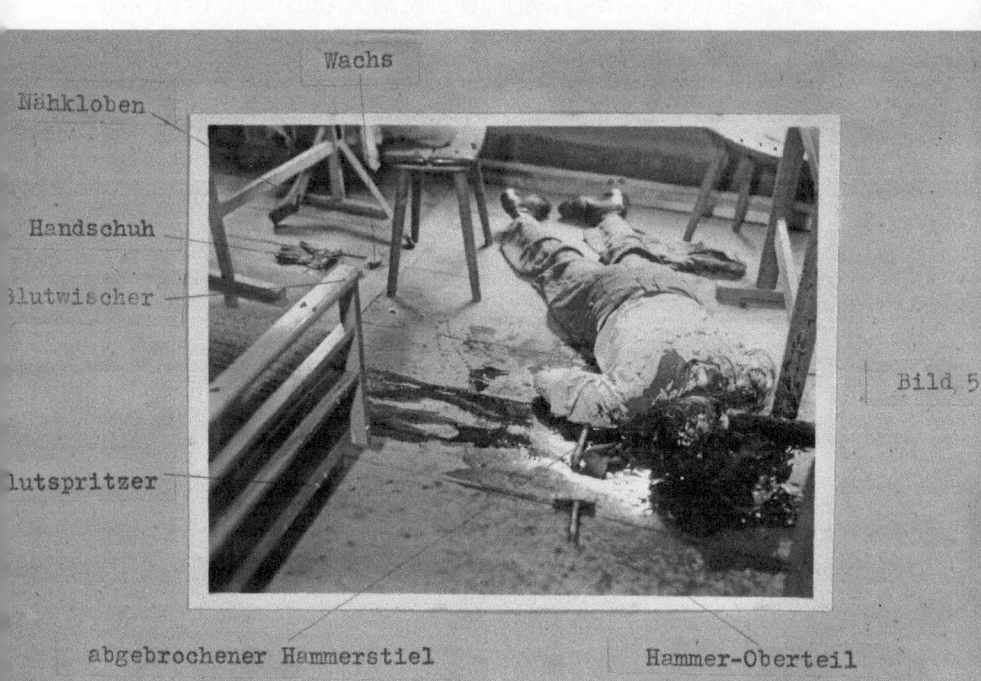

Dokumentiertes Spurenbild mit Auffindesituation des Opfers

in Höhe des Oberschenkels liegt eine Schere. Neben dem Toten stehen zwei Böcke, auf denen ein in Arbeit befindlicher Sessel aufgestellt ist. Der Volksempfänger ist immer noch eingeschaltet; ebenso ein elektrischer Kocher, auf dem ein Topf mit einem stark angesengten Lappen steht. Die Leichenstarre ist inzwischen voll ausgeprägt. Die Fertigung von Tatortskizzen, die fotografische Sicherung der Werkstatt sowie die Spurensicherung erstrecken sich über den ganzen Tag.

Um 10.45 Uhr erscheint der Arzt Dr. Friedrichs aus Untertürkheim. Anhand der Leichenstarre und der Leichenflecke schätzt er, dass der Tod des Opfers vor ungefähr zwölf Stunden eingetreten ist. Die beschlagnahmte Leiche wird zur Obduktion in die Leichenhalle des Stuttgarter Pragfriedhofes gebracht. Noch am selben Tag wird die stehen gebliebene Armbanduhr des Toten dem Uhrmachermeister Hägele zur Prüfung vorgelegt. Da das Laufwerk eine Laufzeit von 32 Stunden hat und erst sechs bis sieben Stunden abgelaufen sind, ist für den Uhrmachermeister mit größter Wahrscheinlichkeit davon auszugehen, dass das Laufwerk infolge des Sturzes abends um 7.42 Uhr stehen geblieben ist und dies der Todeszeitpunkt sein muss.

Bereits um die Mittagsstunde ruft die Polizei durch eine Radiodurchsage die Bevölkerung zur Mithilfe bei der Aufklärung des Falles auf. Circa 60 Personen, deren Namen aus den Geschäftspapieren in der Firma hervorgehen, werden auf ihr Alibi überprüft.

ERSTE VERNEHMUNGEN IM TATORTBEREICH Die inzwischen an den Tatort herbeigeholte Ehefrau des Ermordeten, die 35-jährige Karin S., wirkt sehr gefasst. Ja, geradezu aggressiv verhält sie sich gegenüber den Vernehmungsbeamten, die ihr zunächst ihr Beileid aussprechen, bevor sie mit einer ersten Befragung beginnen. Keine Spur von Entsetzen, Trauer oder Fassungslosigkeit über ihren im Blute auf dem Werkstattboden lie-

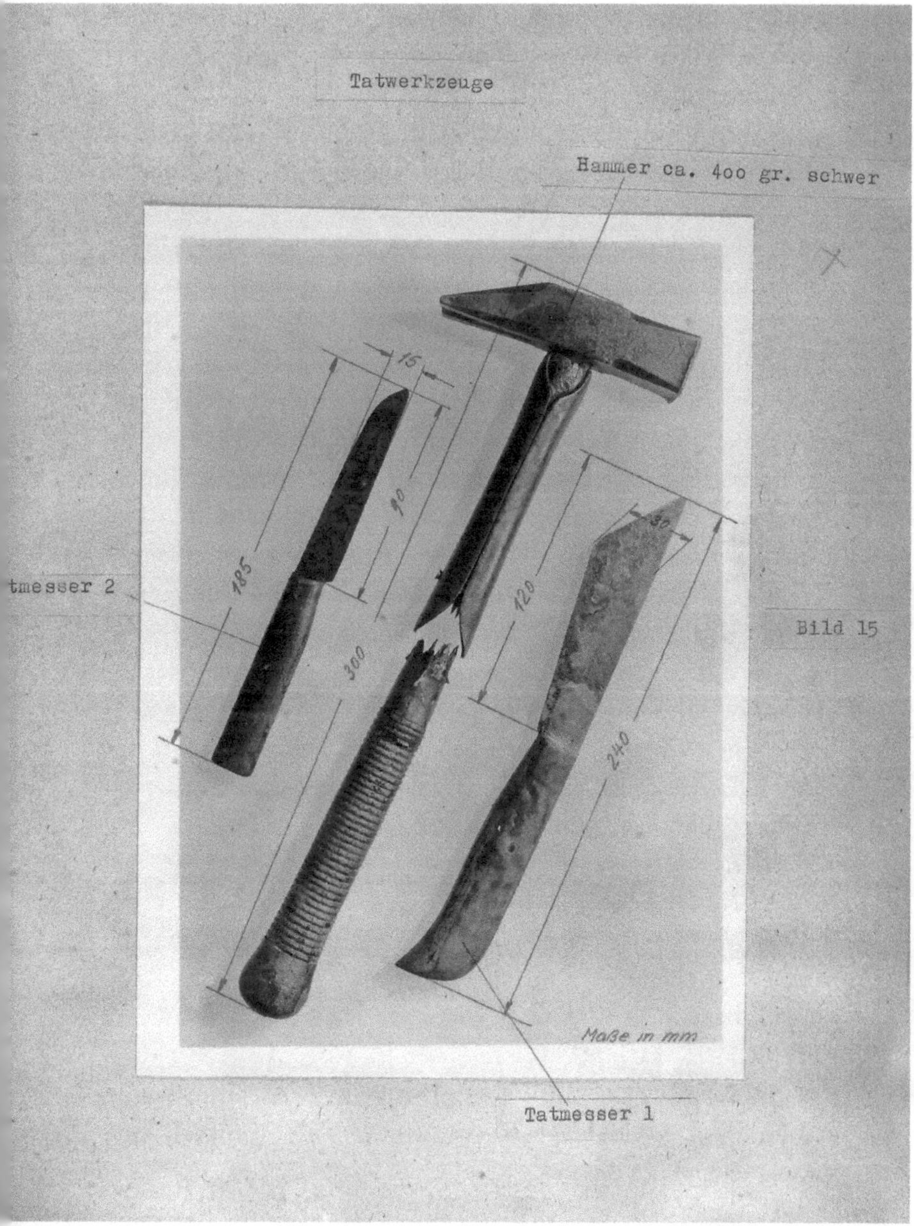
Tatwerkzeuge
Hammer ca. 4oo gr. schwer
tmesser 2
Bild 15
15
90
185
300
120
30
240
Maße in mm
Tatmesser 1

Polizeilich dokumentierte Tatwerkzeuge der Karin S. mit Originalmaßen genden Mann ist zu erkennen. Obwohl ihr keine Vorhaltungen gemacht werden, fühlt sie sich beschuldigt und von den Beamten in die Enge getrieben.

Karin S. gibt an, dass sie am gestrigen Abend gegen 8 Uhr in der Firma Fenster geputzt habe. Um diese Zeit sei ein männlicher Besucher gekommen, den sie selbst nicht gesehen hätte. Ihr Mann hätte sich sofort mit dem Kunden in sein Büro zurückgezogen. Im Büro, so die Witwe, müsse es zu einer Auseinandersetzung gekommen sein, da sie gehört habe, wie ihr Mann sagte: »So können Sie mit mir nicht umgehen!« Anschließend sei ihr Mann in die Werkstatt gekommen, kreidebleich. Auf ihre Frage, was denn los sei, habe er ihr zur Antwort gegeben, dass sie das nichts angehen würde. Sie solle nach Hause gehen und das Abendessen zubereiten, er komme dann nach. Sie sei dann sofort gegangen, ohne zu wissen, wer der unbekannte männliche Besucher gewesen sei.

Als sich im Laufe des Vormittags in Untertürkheim gerüchteweise herumspricht, dass der Sattlermeister Sturm umgekommen sei, ruft ein Angestellter der Firma Daimler-Benz in der Firma an und erkundigt sich bei Karin S., ob dies stimmen würde. Karin S. bestätigt den Tod ihres Mannes und teilt gleichzeitig mit, dass sie das Geschäft weiterführen werde und Aufträge jederzeit entgegengenommen würden.

SUCHE NACH EINEM MOTIV Die im Pförtnerhäuschen der Puritas-Werke wohnende 21-jährige Arbeiterin Jana Schütz, die in einer amerikanischen Snack-Bar arbeitet, gibt an, dass sie gesehen habe, wie die Ehefrau des Sattlermeisters Sturm das Werksgelände durch das große Tor verlassen habe, so zwischen 19 und 20 Uhr. Karin S. habe im Vorbeigehen gegrüßt und Jana Schütz den Eindruck gehabt, dass sie sehr aufgeräumt gewesen sei, denn sie sei pfeifend um die Ecke gebogen.

Das im zweiten Stock direkt über der Werkstatt mit seinem 18-jährigen Sohn wohnende Flüchtlingsehepaar Stürmer bekundet, ein gutes Verhältnis zu Sattlermeister Sturm gehabt zu haben. Sturm wird als freundlicher und hilfsbereiter Nachbar beschrieben, der anderen immer auch kleine Gefälligkeiten erwiesen hat. Über das Wochenende habe er der Familie öfters seinen Volksempfänger geliehen, damit, wie er sich ausgedrückt habe, Michael Stürmer es etwas gemütlicher habe. Stürmer berichtet, dass er am Tatabend gegen 19 Uhr mit seinem Sohn in sein Gärtchen gegangen sei, das sich in unmittelbarer Nähe des Pförtnerhäuschens befinde. So zwischen 20 und 20.15 Uhr sei Karin S. in Richtung Tor vorbeigekommen, ohne mit ihnen zu sprechen, was ungewöhnlich gewesen sei. Stürmer erinnert sich, dass Karin S. eine Rolle unter dem Arm trug, die sie mit Papier eingewickelt hatte, und dass sie mit einem grauen Kostüm bekleidet war. Bei Stürmer sei der Nachtwächter Herr Baum gestanden und habe die Geschäftsfrau noch gefragt, ob sie einen Schlüssel für das Eingangstor hätte, was sie mit einem Kopfnicken bejaht habe. Dann sei sie, ohne sich umzusehen, schnellen Schrittes weitergelaufen.

ARBEITER FRITZLEN GERÄT INS VISIER DER ERMITTLER
Die Vernehmungen der Arbeiter von Sattlermeister Sturm ergeben, dass der Lehrling Siebenbart, nachdem er die Werkstatt ausgekehrt hatte, als Letzter nach halb sechs Uhr die Werkstatt verlassen hat. Anschließend, erfährt die Polizei, ging er zum Kino-Bauer in Untertürkheim, um seine Hoover-Speisung in Empfang zu nehmen. Um 18 Uhr fuhr er mit dem Zug nach Esslingen zu seinen Eltern, bei denen er den Abend verbrachte. Als er das Geschäft verließ, war nur noch das Ehepaar Sturm in der Werkstatt anwesend.

Bei der Befragung der Arbeiter wird schnell ersichtlich, dass der ehemalige Vorarbeiter Fritzlen zu seinem Chef Sturm ein denkbar schlechtes Verhältnis hatte. Auch die anderen Arbeiter halten mit ihrer Meinung über Fritzlen nicht hinter dem Berg. Im Gespräch mit den Beamten gibt der 58-jährige Fritzlen unumwunden zu, dass er mit Sturm schon länger nicht mehr klargekommen sei. Fritzlen begann 1946 bei Sturm und war bis zur Währungsreform Vorarbeiter und zweiter Mann im Betrieb. Nach der Währungsreform gab Sturm ihm zu verstehen, dass er ihn nur noch als Arbeiter beschäftigen werde und er den Hausschlüssel an Fröhlich abgeben müsse. Als Grund für das schlechte Verhältnis gibt der degradierte Vorarbeiter an, dass er mit den Schwarzmarktgeschäften des Fritz Sturm – Möbellieferungen gegen entsprechende Sachwerte – nicht einverstanden gewesen sei, weil dadurch regulär bezahlende Kunden benachteiligt worden seien. Als er, so Fritzlen, am Tag der Tat um 17 Uhr die Werkstatt verlassen habe, seien außer dem Chef und seiner Frau lediglich noch Fröhlich und der Lehrling im Betrieb gewesen. Eine sofort durchgeführte Alibiprüfung ergibt, dass Fritzlen als Täter ausscheidet: In der fraglichen Zeit saß er in verschiedenen Gaststätten und Cafés in Stuttgart. Die Bedienungen vom »Lamm« und der Wirt von der »Linde« bestätigen sein Alibi.

DIE WITWE KARIN S. Ungefähr sieben Stunden sind nun seit der Entdeckung des getöteten Sturm vergangen. Die Ergebnisse aus den Vernehmungen von Karin S. und den anderen Zeugen werden zusammengeführt und abgeglichen. Sehr schnell stellt sich heraus, dass die Ehefrau sich immer wieder in Widersprüche verwickelt. Insbesondere die Tatsache, dass sie erst nach 20 Uhr beim Verlassen des Areals gesehen wurde und die Überprüfung der stehen gebliebenen Armbanduhr des Getöteten aber den Todeszeitpunkt 19.42 Uhr immer wahrscheinlicher macht, lässt zumindest den Schluss zu, dass die aggressiv auftretende Witwe mehr weiß, als sie bereit ist auszusagen. Ihre psychische Verfassung kurz nach dem gewaltsamen Tod ihres Mannes, so sinnieren die Beamten überdies, war sehr merkwürdig. Sie brach nicht in Tränen aus. Teilweise empörte sie sich über Fragen der Vernehmenden. Besonders fiel den Beamten ihr kaltes, ja geradezu distanziertes Agieren am Tatort auf, wenige Stunden nach dem Auffinden ihres Mannes. In den Nachmittagsstunden entschließt sich Kriminal-Inspektor Farnbacher zu einer ausführlichen Vernehmung der Karin S. Die Witwe macht folgende Aussage:

»*Ich bin hier in Stuttgart 1913 geboren und aufgewachsen. In Untertürkheim ging ich in die Wilhelmschule und anschließend auf die Handelsschule in Stuttgart. Beim Mercedes-Schuhhaus habe ich Verkäuferin gelernt. Aufgrund der wirtschaftlichen Situation ging ich 1932 zur Firma Woolworth nach Esslingen. Mehrmals musste ich wegen Arbeitsplatzmangels die Stelle wechseln. Bis zu meiner Dienstverpflichtung im Jahre 1944 bei der Firma Daimler-Benz war ich bei der Einkaufsgenossenschaft der Friseure im Büro beschäftigt. Bis kurz vor Kriegsende war ich beim Daimler angestellt.*

Meinen jetzigen Mann lernte ich am 23.12.1936 kennen. Geheiratet haben wir am 6.5.1944. Er war zu dieser Zeit Soldat, denn bereits 1940 wurde er eingezogen. Bis 1939 hatte er ein Polsterer- und Tapeziergeschäft im Stuttgarter Westen, das aber durch einen Fliegerangriff ausgebombt wurde. Am 22.6.1945 kehrte mein Mann aus der amerikanischen Kriegsgefangenschaft zurück und bereits am 10.8.1945 richtete er auf dem Werksgelände der Puritas-Werke in Stuttgart-Untertürkheim seinen jetzigen Betrieb ein. Das Geschäft läuft sehr gut und mein Mann hat viele Aufträge. Ich erledige die schriftlichen Arbeiten, bediente zum Teil die Kundschaft und tätigte auch Einkäufe bei den Lieferanten. Allerdings war ich nicht ständig im Geschäft, da ich ja auch noch den Haushalt zu versorgen hatte. Im Umgang mit den Kunden gab es immer wieder Schwierigkeiten. Dies rührte daher, dass mein Mann immer wieder Kunden bevorzugte, die ihm Lebensmittel oder Zigaretten mitbrachten. Das war üblich, da er auch seinen Arbeitern und Lieferanten immer wieder irgendwelche Sachwerte geben musste, um sie bei Laune zu halten. So kam es, dass es immer wieder ungehaltene Kunden gab, deren Lieferzeiten nicht eingehalten wurden, weil mein Mann Schwarzmarktkunden zwischendurch bevorzugte. Dies hielt ich meinem Mann auch des Öfteren vor, wodurch es dann zu Streitereien zwischen uns kam. Sehr gereizt sagte er mir dann, dass er der Chef ist und bestimme, wie die Arbeit eingeteilt wird.

Unser eheliches Verhältnis war an sich gut. Es gab natürlich zwischen uns, allein schon wegen des Geschäfts, Unstimmigkeiten und Meinungsverschiedenheiten. Möchte aber nicht behaupten, dass dadurch unsere Ehe unmittelbar gefährdet war. Zwar war mein Mann aufbrausend und jähzornig und es kam auch einmal in unserer Ehe vor, dass mein Mann mich derartig schlug, dass ich ein Krankenhaus aufsuchen musste. Er entschuldigte sich und sagte mir, dass es nur so weit gekommen sei, weil ich ihn besonders gereizt hätte. Dies war aber das einzige Mal, dass es zu Tätlichkeiten gekommen ist.

In geschlechtlicher Hinsicht verstanden wir uns gut und glichen uns vollkommen aus. Kinder haben wir bis jetzt noch nicht, obwohl wir beide gern ein Kind gehabt hätten. Ich war deswegen auch schon in ärztlicher Behandlung. Ob mein Mann während unserer Ehe ein Verhältnis mit anderen Frauen gehabt hat, kann ich nicht mit Sicherheit beurteilen. Nach den Schilderungen meiner Mutter soll er früher sehr viele Beziehungen zum weiblichen Geschlecht gehabt haben. Ob er in der Werkstatt in den Abendstunden Treffen mit Frauen hatte, kann ich nicht sagen. Allerdings hat er teilweise bis tief in die Nacht in seiner Werkstatt gearbeitet. Mein Mann hat sich mir gegenüber nie dahingehend geäußert, dass er sich von mir trennen wollte, geschweige denn, dass er an Scheidung dachte. Soweit ich weiß, hatte mein Mann vor unserer Beziehung mit einer Jüdin aus Stuttgart-Sillenbuch näheren Kontakt. Bis zum Umsturz 1945 war sie im Ausland. Nach ihrer Rückkehr nahm sie wieder Kontakt zu meinem Mann auf und er fertigte auch für ihre Wohnung mehrere Polstermöbel. Angeblich wollte sie ihn mit größeren Geldbeträgen unterstützen, allerdings bezahlte sie bislang noch nicht einmal ihre bestellten Polstermöbel. Ich glaube, er hat ziemlich sicher mit dem Geld der Jüdin gerechnet, da er sich mit Bauplänen beschäftigte und eine neue Wohnung errichten wollte. Ein anderes Mal meinte er, dass er das Geld von ihr sicherlich bekommen würde, wenn er sich zu ihr ins Bett legen würde.

Zu meinem gestrigen Aufenthalt in der Werkstatt habe ich ja schon heute Morgen alles gesagt. Ich war gegen 20.30 Uhr zu Hause und habe noch einen Hasen geschlachtet, weil mein Mann geäußert hatte, dass er einmal wieder richtig Fleisch essen möchte. Ich habe noch meine Wäsche gewaschen, richtete meinem Mann sein Essen und ging gegen 21.30 Uhr ins Bett. Das Ausbleiben meines Mannes war für mich nicht weiter verwunderlich, da er des Öfteren die Nacht durchgearbeitet hat und erst am nächsten Morgen mit dem ersten Omnibus zum Frühstück nach Hause kam. Kurz vor 8 Uhr wurde ich von einem Polizisten herausgeklingelt, und er bat mich, mit zum Geschäft zu kommen, wo ich dann erfuhr, dass mein Mann in der Werkstatt tot aufgefunden worden war.«

Karin S. wird überwacht.

Nach der Vernehmung lässt Kriminal-Inspektor Farnbacher die Witwe nach Hause gehen – obwohl er der festen Überzeugung ist, dass sie mit dem Tod ihres Mannes in Verbindung steht. Noch traut er ihr die Ausführung dieser brutalen Tat nicht alleine zu. Hatte sie einen Mittäter, einen Liebhaber, der den Ehemann aus dem Weg geräumt hat, oder einen Auftragsmörder, damit sie das Geschäft weiterführen kann? Um diese Möglichkeit zu überprüfen, ordnet Farnbacher die Überwachung der Karin S. an. Ab diesem Zeitpunkt wird die Verdächtige rund um die Uhr observiert.

Noch am selben Abend setzt sich Karin S. in ihrer Wohnung an die Schreibmaschine und verfasst folgenden Text an die Allianz und Stuttgarter Lebensversicherungsbank AG:

»*Muss Ihnen heute die traurige Mitteilung machen, dass mein Mann Fritz Sturm, geb. am 12.6.1910, einem Mordanschlag zum Opfer fiel. Es geschah am 26. ds. Mts. abends. Vertragsgemäss möchte ich Ihnen sofort melden obwohl die Leiche noch nicht freigegeben wurde. In der Anlage sende ich Ihnen die Versicherungspolice und sehe Ihrer gefälligen, baldigen Stellungnahme in dieser Sache entgegen.*
Hochachtungsvoll
gez. Frau Karin S. geb. Gerhard«

Die Lebensversicherungssumme beträgt für den Todesfall 4000 DM und die Leistung aus der Unfallzusatzversicherung 5000 DM. Karin S. beauftragt noch am selben Abend ihre Mutter, das Schreiben ihrem in der Nachbarschaft wohnenden Versicherungsvertreter der Stuttgarter Allianz Versicherung zu bringen, der dieses am nächsten Tag der Rechts- und Auszahlungsabteilung übergibt.

MITTWOCH, 28. JULI Als der Schwager von Fritz Sturm, der Weingärtner Klipfel, und der Onkel des Getöteten, der Landwirt Zorneg, die Witwe aufsuchen, um zu erfahren, was passiert ist, treffen sie auf eine gefasste Frau. Karin S. wiederholt die Aussage, die sie am Tag zuvor bei der kriminalpolizeilichen Vernehmung gemacht hat. Die Verwandten wundern sich noch darüber, dass sie ihren Mann bei dem Streit in der Werkstatt allein gelassen hat. Sie kannten Karin nicht als die Frau, die sich von ihrem Mann bevormunden oder einfach wegschicken ließ. Ob sie sich vorstellen könne, wer ihren Mann auf dem Gewissen habe? Nein, antwortet sie, es gebe so viele Kunden und teilweise seien auch Ausländer ins Geschäft gekommen. Im Übrigen sei sie nicht über alle Geschäftsbeziehungen ihres Mannes informiert gewesen. Nach dem Gespräch mit der Witwe gehen Schwager und Onkel zur Mordkommission. Sie halten es für ihre Pflicht, Angaben über das Privatleben von Fritz Sturm zu machen.

EINE UNGETRÜBTE EHE? Klipfel und Zorneg schildern Fritz Sturm als einen in seiner Jugendzeit fleißigen, aber etwas leichtlebigen, dem weiblichen Geschlecht zugeneigten jungen Mann. Die Wahl seiner jetzigen Ehefrau sei nicht begrüßt worden. Sie passe nicht in das bäuerliche Milieu, und Karin sei auch der Meinung gewesen, nicht standesgemäß geheiratet zu haben, da sie etwas Besseres wäre. Folglich sei der verwandtschaftliche Kontakt sehr eingeschränkt und auf das Notwendigste reduziert gewesen. Dass die Ehe keinesfalls so normal verlief, wie Karin S. in ihrer Vernehmung angab, wird schnell sichtbar. Sturm, so seine beiden Verwandten, habe insbesondere in letzter Zeit darüber geklagt, dass er sich seine Ehe anders vorgestellt habe. Er hätte besser auf seine Mutter hören sollen, die ihm von der Heirat mit dieser Frau abgeraten habe.

EINE EIFERSUCHTSTAT? Der Mord an Sturm schlägt Wellen in Untertürkheim. Angeblich soll der Getötete ein Verhältnis mit einer Frau Gübler gehabt haben, die geäußert habe, wenn ihr Mann aus russischer Kriegsgefangenschaft zurückkomme, würde es Mord und Totschlag geben. Nachforschungen bestätigen das Gerücht: Der Ehemann von Frau Gübler ist vor ungefähr drei Wochen aus der russischen Kriegsgefangenschaft zurückgekehrt. Sturm hat auch am Tattag gegen 11 Uhr die Wohnung der Frau Gübler aufgesucht, um ihr einen Nähauftrag zu geben. Der anwesende Ehemann wusste angeblich, dass seine Frau in der Vergangenheit Näharbeiten für Sturm ausgeführt hat. Gübler war den ganzen Montag zu Hause und ging abends mit seiner Frau zu einer Freundin. Eine Wohnungsdurchsuchung und Überprüfung des angeblich eifersüchtigen Ehemanns Gübler verläuft ergebnislos.

AUSSEREHELICHE VERHÄLTNISSE ALS TATMOTIV? Die Vernehmungen im Freundes- und Verwandtenkreis zeigen sehr schnell, dass es zwischen den Eheleuten Sturm zu heftigen Auseinandersetzungen kam. Karin S. wird als eine arrogante, verwöhnte und mitunter äußerst gefühllose Frau geschildert. Sie wusste offenbar sehr wohl, wie sie ihre weiblichen Reize einsetzen konnte, und es gilt als sicher, dass sie ihren Mann mehrmals hintergangen hat. Während ihrer Beschäftigung 1944 bei der Firma Daimler-Benz, so ergeben die weiteren Nachforschungen, bewohnte sie bis zur Heimkehr ihres Mannes aus der Gefangenschaft ein Zimmer bei ihrem Vorgesetzten, einem 59-jährigen Prokuristen, da ihre elterliche Wohnung teilweise ausgebombt war. Hierbei kam es zu einem intimen Verhältnis mit ihrem Vermieter und Vorgesetzten, welcher der Polizei schildert, dass Karin S. äußerst anspruchsvoll, sehr zielbewusst und eine überlegt handelnde Person gewesen sei.

Ein langjähriger Freund, der 36-jährige verheiratete Postprüfer Humpfer, lernte Karin S. 1929 bei einer Weihnachtsfeier der Gewerkschaft kennen. Ihre Freundschaft, erzählt Humpfer, war zunächst eine rein platonische. Im Oktober 1930 habe Karin S. dann seinen Freund Ralf Klitz kennen und lieben gelernt. Die Beziehung sei aber ein halbes Jahr später auseinandergebrochen, was ihm Karin unter Tränen gestanden habe. 1932 habe sie Humpfer gefragt, ob er sie heiraten wolle, was er jedoch abgelehnt habe. 1933 sei er vorübergehend nach Kaiserslautern gezogen, wonach es nur noch brieflichen Kontakt gegeben habe. Anlässlich eines Kriegsurlaubs hätten die beiden sich 1940 für einen Tag in Stuttgart getroffen. 1944 habe sie ihn, Humpfer, dann in seiner Stuttgarter Wohnung besucht, unter dem Vorwand, ein Tauschgeschäft tätigen zu wollen. Bei einem Spaziergang am Neckar habe sie ihm dann erzählt, dass sie vor einem halben Jahr geheiratet hätte. Ihr Mann wäre nun wieder ein halbes Jahr fort und sie befände sich in einer körperlichen Verfassung, die ganz schlimm sei. In allen Einzelheiten habe sie ihm ihr Verlangen nach geschlechtlicher Befriedigung – und zwar sofort hier und jetzt – geschildert. Da er in den ganzen Jahren ihrer Bekanntschaft nie sexuelle Ansprüche gestellt habe, hätte sie an ihn gedacht. Er sei über diesen plötzlichen Gefühlsausbruch überrascht gewesen. Trotzdem er verheiratet sei, sei er ihrem Wunsche nachgekommen. Allerdings habe er anschließend gemerkt, dass sie von ihm mehr erwartet habe. Von diesem Zeitpunkt an habe Karin S. nichts mehr von sich hören lassen.

Im Frühjahr 1940, so ergeben weitere Ermittlungen, hat Karin S. überdies auf einer Eisenbahnfahrt nach Sonthofen den Reichsbahninspektor Baumann kennengelernt und mit diesem ein Verhältnis begonnen. Baumann besuchte sie auch in Untertürkheim. Als ihr Mann 1945 aus der Kriegsgefangenschaft nach Stuttgart zurückkehrte und eingeklebte Bilder in ihrem Fotoalbum sah, fragte er sie nach der Beziehung. Sie sagte ihm, dass dies eben auch so eine Beziehung gewesen sei, wie er selbst auch welche gehabt hätte. Zumindest bis Herbst 1945 hielt sie das Verhältnis aufrecht. Ob zum Tatzeitpunkt noch eine Verbindung zu Baumann bestand, kann nicht ermittelt werden, da die Vernehmungsersuchen in Kempten nicht beantwortet werden.

DIE ELTERN DER KARIN S. Der Vater der Karin S., Matthias Gerhard, kam 1912 von Augsburg nach Stuttgart und fing als kaufmännischer Angestellter bei der Firma Daimler-Motorengesellschaft in Stuttgart-Untertürkheim an. Karin wurde 1913 unehelich geboren. 1914 heiratete der Vater die Mutter Lisa Gerhard. Zusammen bezogen sie ein Haus in Untertürkheim-Luginsland. Karin war handwerklich sehr geschickt, bastelte gerne und konnte gut zeichnen. In der Schule hatte sie gute Zeugnisse, ebenso von ihren späteren jeweiligen Arbeitgebern. Sie war sehr zielbewusst und gegenüber ihren Eltern sehr verschlossen. Die Eltern steckten viel Geld in die Ausbildung und Aussteuer ihrer Tochter, was diese als selbstverständlich ansah. Die Mutter bezeichnet ihre Tochter als herzlos und undankbar und immer auf ihren Vorteil bedacht. Obwohl Karin im Hause ihrer Eltern wohnte, gab sie ihrer kriegsgeschädigten Mutter nichts ab. Sie sagte dann immer, sie müsse auch schauen, wie sie zu ihren Sachen komme. Vor ihrer Ehe mit Fritz Sturm hatte Karin ein Verhältnis mit einem Juden. Wegen der Rassengesetze heiratete sie ihn aber nicht.

Als der Schwiegersohn Fritz aus der Gefangenschaft zurückkehrte, wohnten die Eheleute im ersten Stock des Elternhauses. Ihr Schlafzimmer lag im Dachgeschoss. Immer wieder kam es zu Tätlichkeiten, bei denen Karin, so die Eltern, auch schon mal Biergläser nach ihrem Mann warf oder eine Blumenspritze auf seinen Kopf schmetterte. Das Verhältnis der Schwiegereltern zu Fritz Sturm wird als gut bezeichnet. Sturm wird als ruhiger und gutmütiger Typ beschrieben. Ein netter Mensch, der überall beliebt war. Die Mutter charakterisiert ihre Tochter im Verhältnis zu ihrem Mann als herrschsüchtig und anmaßend.

Die Eltern schildern, dass ihre Tochter am Montagabend gegen 20.30 Uhr nach Hause gekommen sei. Sie seien gerade mit dem Essen fertig gewesen. Als sie Karin nach ihrem Mann gefragt hätten, habe diese angegeben, dass er noch in der Firma sei und ihr aufgetragen habe, heimzugehen und das Essen zu richten. Zusammen sei das Elternehepaar dann noch ungefähr eine Stunde auf sein in der Nähe befindliches Gartenstück gegangen und von dort gegen 21.30 oder 22 Uhr wieder nach Hause gekommen. Im Souterrain hätten sie dabei ihre Tochter angetroffen, die gerade einen Hasen geschlachtet und Wäsche versorgt hätte. Hierbei habe die Tochter gesagt, dass sie beim Schlachten Blutspritzer abbekommen habe. Als sie ins Bett gegangen sei, so berichtet die Mutter, habe sie vom Schlafzimmerfenster aus gesehen, dass Karin den nassen Rock auf die Wäscheleine aufgehängt hatte. Zwischen 10 und halb 11 Uhr seien die Eltern zu Bett gegangen, und als die Mutter am nächsten Morgen in die Küche gekommen sei, sei die Tochter bereits in der Waschküche zugange gewesen. Ein Schutzmann habe geklingelt und die Tochter mitgenommen. Hierbei habe die Mutter noch gefragt, ob ihr Mann denn nicht nach Hause gekommen sei. Karin S. habe die Frage verneint und mit dem Polizisten das Haus verlassen.

DONNERSTAG, 29. JULI Das Bild der treu sorgenden Ehefrau, das Karin S. bei ihren Vernehmungen inszeniert hat, bekommt Risse. Für Kriminal-Inspektor Farnbacher zeichnet sich mehr und mehr ab, dass die Witwe Karin S. zu einer dringenden Tatverdächtigen geworden ist. Ihr auffälliges Benehmen nach der Tat, das Schlachten des Hasen und das sofortige Waschen der Kleidung verstärken den Tatverdacht so deutlich, dass Karin S. um 19.45 Uhr in ihrer Wohnung aufgesucht und dann in der Dienststelle der Mordkommission die ganze Nacht und am darauf folgenden Vormittag vernommen wird – ein Verhör, in dessen Verlauf Karin S. mehrere Geständnisse ablegen und dann teilweise widerrufen wird.

DER VERNEHMUNGSMARATHON Gegen 20 Uhr beginnen Kriminal-Sekretär Trauter und Kriminal-Inspektor Farnbacher mit der Vernehmung. Sie treffen auf eine Verdächtige, die hochgradig unter Spannung steht und überhaupt nicht den Eindruck einer vom Tode ihres Mannes erschütterten Witwe macht. Je länger sie befragt wird, desto mehr verstrickt sie sich in Widersprüche. Fragen der Beamten kontert sie mit Gegenfragen. Immer wieder stößt sie erregt fragend hervor, welche Beweise die Kriminalpolizei in den Händen hätte. Gegen 1.30 Uhr verlangt sie, Kriminal-Sekretär Trauter alleine zu sprechen. Sie fragt ihn, was ihr wohl passieren würde, wenn sie angeben würde, sie hätte ihren Mann aus Notwehr umgebracht.

Gegen 3 Uhr erklärt sie sich bereit, ein Geständnis in die Schreibmaschine zu diktieren. Allerdings hätte sie Hunger und wolle erst etwas zu essen. Die Beamten bringen ihr zwei Blechwecken, belegt mit Käse und einer Tomate. Auch ein Glas Süßmost wird der Beschuldigten gereicht. Anschließend wird die Vernehmung fortgeführt.

Um 4.30 Uhr fordert Karin S. ein Gespräch unter vier Augen mit Kriminal-Inspektor Farnbacher. In dessen Dienstzimmer bringt sie zum Ausdruck, dass sie sich nicht zu einem Geständnis entschließen könne, da sie nicht glaube, dass die Uhr ihres Mannes tatsächlich um 7.42 Uhr aufgrund des Sturzes stehen geblieben sei. Farnbacher zeigt der Witwe die Uhr und erklärt ihr genau die Untersuchungsergebnisse des Uhrmachers, sodass für Karin S. die letzte Hoffnung auf die Möglichkeit einer späteren Tatzeit, die sie entlasten könnte, zerstört wird. Die Vernehmung dreht sich nun immer wieder um die gleichen Punkte: was ihr geschehe, wenn sie ein Geständnis ablege, ob sie wohl ihr Geschäft weiterführen könne, und wenn ja, wie, ob der Fall in der Zeitung veröffentlicht werde, ob sie ihren Hund Putzi wohl mit in die Zelle nehmen könne, er sei so klein und benötige nur wenig zum Fressen. Bis zu diesem Zeitpunkt wird Karin S. nicht die vorläufige Festnahme erklärt, auch hat sie während der gesamten Vernehmung nie den Wunsch geäußert, weggehen zu dürfen.

Um 7.30 Uhr verspricht Karin S., ein volles Geständnis abzulegen, und verlangt Bleistift und Papier. Allerdings stellt die Witwe dafür eine Bedingung: Ihr Hund, Putzi, müsse sofort geholt werden. Die Beschuldigte vesp ert zwei Schmalzbrote und begrüßt freudig ihren herbeigeschafften Hund. Gegen 8 Uhr ist sie bereit und nimmt Papier und Schreibzeug in die Hand.

ERSTES GESTÄNDNIS, 8 UHR Folgendes Geständnis schreibt Karin S. nieder: Gegen 16.45 Uhr am 26. Juli fuhr ich nach Untertürkheim in unser Geschäft. Ich beschäftigte mich zunächst mit Kalkulationen über unsere Polsterwaren und ordnete sie in Heftchen. Anschließend ging ich zu meinem Mann in die Werkstatt. Er äußerte den Wunsch, Kartoffeln aufzusetzen. Er setzte sich an die Tischplatte und fing an, an einer Aktenmappe zu nähen. Ich richtete Wein und die inzwischen fertigen Kartoffeln. Später kam eine Kundin, die ihren Sessel abholte. Mein Mann war in letzter Zeit oft widerwärtig, aufbrausend und nervös, was hauptsächlich auf geschäftliche Angelegenheiten zurückzuführen war. So gut er sein konnte, so gewalttätig war er. Durch einen unserer Wortwechsel, der sich um den Arbeiter Fritzlen drehte, für den ich mich einsetzte, sowie um meine Eltern, die er verspottete und des Geizes bezichtigte, kam er immer mehr in Rage. In seiner Wut zerrte er mich von der Werkstatt zur Treppe und stieß mich hinunter. Ich richtete mich wieder auf und ging in die Werkstatt zurück, wo mein Mann einen Hammer in der Hand hielt und zum Schlag ausholte. Ich nahm ein auf der Tischplatte liegendes Messer und setzte mich zur Wehr, entriss ihm den Hammer und schlug zu. Als er umfiel, versetzte ich ihm noch einige Schläge und verließ die Werkstatt.

ZWEITES GESTÄNDNIS, 9 UHR Kurze Zeit nach ihrem ersten Geständnis ändert Karin S. ihre Aussage zum Tathergang: Ihre Rückkehr in die Werkstatt und die Tat schildert sie nun folgendermaßen:
    Ich richtete mich wieder auf und kam zur Werkstatt herein, nahm ein auf der Tischplatte liegendes Messer und lief zu meinem Mann, der am Tisch saß, und stach ihm einige Male in den Hals. Ich hatte das Gefühl, dass er mich mit dem auf der Tischplatte liegenden Hammer bedrohte, und gab ihm einen Stoß.

Diese Sätze streicht sie wieder durch und gibt an, dass ihr Mann sie doch zuerst mit dem Hammer bedroht und sie ihm dann einige Male das Messer in den Hals gestoßen habe, sodass er sofort umgefallen und der Hammer aus seiner Hand geglitten sei. Diesen habe sie dann ergriffen und mehrmals auf seinen Kopf geschlagen.

DRITTES GESTÄNDNIS, 11 UHR Nachdem Karin S. die Geständnisse eins und zwei teilweise zerrissen hat, diktiert sie um 11 Uhr nun selbst ihr vorläufig letztes Geständnis der Schreibkraft in die Maschine. Die entscheidende Situation schildert sie nun folgendermaßen:

Er ging auf mich zu und schlug mir zweimal mit der Hand auf die rechte Gesichtshälfte und einmal auf den Nacken. Dann setzte er sich wieder an seinen Tisch und nahm den Hammer in die Hand. Ich wollte ihn beschwichtigen, ging zu ihm hin, da ich ja einsah, dass eine Frau immer wieder einlenken muss und nachzugeben hat. Da ich vorher mit dem Messer einen Bleistift gespitzt hatte, hatte ich dies in der Hand. Er stand auf, beschimpfte mich weiter und hatte den erhobenen Hammer in der Hand. Ich erhob blitzartig meinen Arm in Abwehrstellung, machte ein Bewegung nach vorne und traf in unglückseliger Weise in den Hals, wodurch er auf den Stuhl sank, den Hammer verlor, seitlich heruntergleitt und auf dem Boden zum Liegen kam. Da er sich wieder vom Boden erhob und mit einer fürchterlichen Grimasse auf mich zukam, schlug ich mit dem Hammer auf ihn ein. Das Messer zog ich aus der Wunde und stach noch mehrmals zu. Ich war derart erregt und meiner Tat nicht voll bewusst, so dass ich noch einige Male den Hammer gegen seinen Kopf schlug. Ich wusste, dass mir etwas Schreckliches passiert war, aber ich konnte ja nichts mehr ändern. Ich habe eben im Affekt gehandelt, denn so, wie es ausgesehen hatte, ging es darum, entweder er oder ich. Ich holte nach der Tat einen Lederhandschuh, der in einem Regal im

Büro lag, tauchte ihn in die Blutlache, legte ihn unter den Tisch, um dort vorzutäuschen, dass ein fremder Mann die Tat ausgeführt hat. Ich habe meinen Mantel und Handtücher in Packpapier eingepackt und verließ die Werkstatt. Es fällt mir noch ein, dass ich vorher in der Werkstatt noch die Hände gewaschen habe. Es war kurz nach 8 Uhr.

HAFTBEFEHL, 13 UHR Anschließend wird Karin S. dem Haftrichter vorgeführt, bei dem sie sich mehrmals beschwert. Sie sei sehr müde, hätte seit gestern nichts mehr zu essen bekommen und wolle nun ihre Ruhe. Bevor sie in die Haftanstalt eingeliefert wird, fahren die Beamten sie nach Hause. Sie packt einige Toilettenartikel zusammen und mit einer geradezu aufreizenden Gemütsruhe bereitet sie sich geröstete Kartoffeln und zwei Spiegeleier zu, die sie mit ausgezeichnetem Appetit verspeist. Mit welcher Gefühlskälte die Beschuldigte ihr Geständnis ablegt und mit welch zynischem und verächtlichem Gesichtsausdruck sie die Fragen der Beamten beantwortet hat, macht selbst die Kriminalbeamten fassungslos. Um 17 Uhr wird sie in die Frauenhaftanstalt in Bad Cannstatt eingeliefert.

EIN GEPLANTES VERBRECHEN ODER EINE AFFEKTTAT?
Nach diesen Geständnissen haben die Ermittler erhebliche Zweifel an der geschilderten Tatausführung durch Karin S. Kriminalpolizeiliche Erfahrungen zeigen, dass Schrecken und Panik nach einer Affekttat Täter oftmals veranlassen, so schnell es geht den Tatort zu verlassen und die Tat zu verdrängen. Nicht so die Witwe Karin S. 20 Minuten hat sie sich nach der Tat noch am Tatort aufgehalten, eigene Spuren verwischt und mit dem in Blut getränkten Handschuh eine falsche Spur gelegt. Auch weist die Täterin an beiden Händen Hautverletzungen auf, die sie nicht erklären kann.

ERGEBNISSE DER OBDUKTION UND KRIMINALTECHNIK
Dem Blutspurenbild am Tatort und dem Gutachten des Gerichtsmediziners zufolge können die ersten Hammerschläge nicht von vorne geführt worden sein. Die Gutachter legen sich fest, dass der Angriff auf Fritz Sturm überfallartig von hinten erfolgt ist.

Die kratzerartigen Verletzungen an den Innenflächen der Finger dürfte sich die Täterin beim Abbrechen des Hammerstiels zugezogen haben.

Bei der Sicherstellung des ledernen Handschuhs wurde von Kriminal-Inspektor Farnbacher am Tatort intensiver Parfümgeruch von der Creme Duswald-Velour im Inneren des Handschuhs festgestellt. Die gleiche Creme entdeckten die Beamten bei den Toilettenartikeln von Karin S. Ein Gutachten des chemischen Untersuchungsamtes konnte allerdings zum Zeitpunkt der Untersuchung das Parfüm nicht mehr nachweisen.

An der Tatkleidung und an den Tatwerkzeugen konnte kein Blut nachgewiesen werden. Die Wäsche wurde – wie die Beamten später ermitteln – nach der Tat sofort eingeweicht, dann gekocht und gründlich gewaschen.

TATREKONSTRUKTIONEN Am 3. August gibt Karin S. bei einer erneuten Vernehmung am Tatort an, dass ihr Mann sie nach der verbalen Auseinandersetzung mit dem Schärfmesser bedroht habe. Sie habe ihm dann einen Stoß vor die Brust versetzt, so dass er auf dem Hocker zum Sitzen gekommen sei. Daraufhin habe sie den auf dem Tisch liegenden Hammer genommen und ihm damit zweimal auf den Kopf geschlagen. Durch die Schläge sei das Blut so stark herausgespritzt, dass sie selbst bespritzt worden sei. Ihr Mann sei nach hinten auf den Boden gefallen. Als er sich umgedreht und versucht habe, sich zu erheben, habe sie ungefähr 10- bis 12-mal mit dem Hammer auf seinen Kopf geschlagen, wobei der Hammerstiel abgebrochen sei. Dann habe sie nach dem Schärfmesser gegriffen und ihren Mann mehrmals

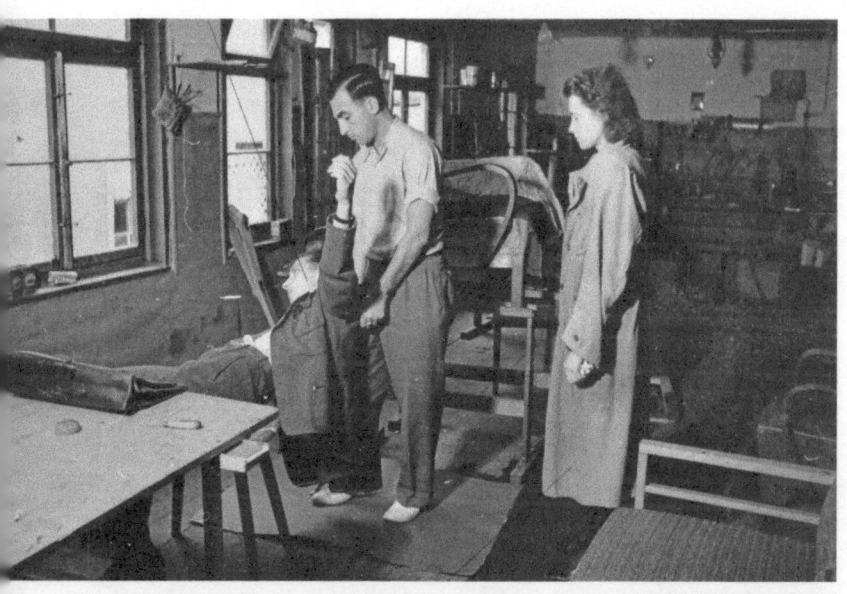

Rekonstruktion des Tatgeschehens mit der Täterin

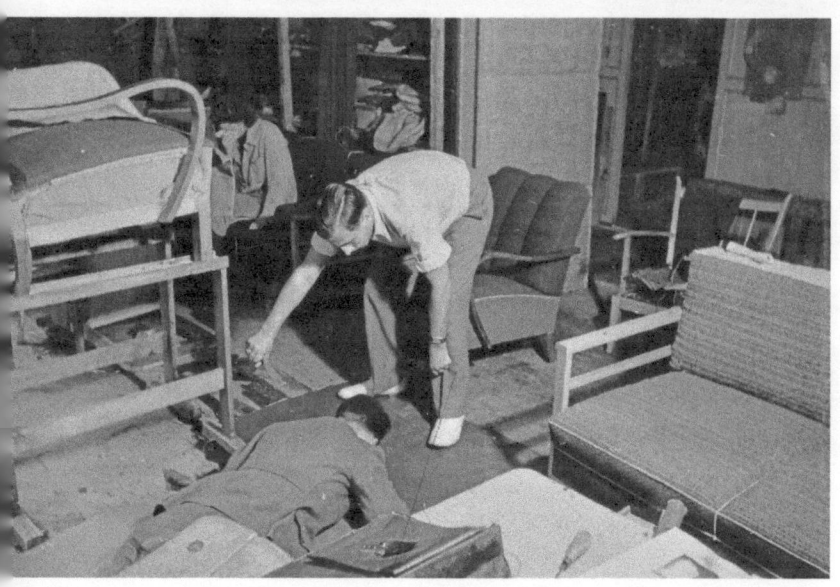

Rekonstruktion des Tatgeschehens mit den Kriminalbeamten

in den Hals gestochen. Beim letzten Stich habe sie das Messer stecken gelassen.

Am 5. August wird der Tatablauf mit Kriminalbeamten und der Täterin Karin S. in der Werkstatt zum zweiten Mal rekonstruiert. Anschließend erfolgt eine nochmalige Vernehmung im Beisein des Gerichtsmediziners und der Kriminalbeamten am Tatort. Zum wiederholten Male berichtigt die Täterin den Tatablauf:

Sie gibt nun an, dass sie nach den Ohrfeigen an das hintere Ende der Werkstatt gegangen sei. Dort habe sie den an einem Werkzeugbrett hängenden Hammer ergriffen und den Gedanken gefasst, damit auf ihren Mann loszugehen, der an der Stirnseite des Arbeitstisches etwa acht Meter entfernt auf einem Hocker gesessen und nach der Auseinandersetzung wieder die Aktentasche repariert habe. Sie habe sich von hinten entlang der Fensterfront angeschlichen, darauf geachtet, dass niemand vom gegenüberliegenden Haus sie beobachte, und ihm mit dem Hammer mehrmals auf den Kopf geschlagen. In der linken Hand habe sie das Küchenmesser gehalten.

Der weitere Tatverlauf entspricht ihrer seitherigen Aussage. Ergänzend gibt Karin S. an, dass sie die Werkzeuge so versteckt getragen habe, dass ihr Mann, selbst wenn er sich umgedreht hätte, diese nicht hätte sehen können. Den Handschuh habe sie angehabt und damit das Küchenmesser in die Hand genommen und neben den Kopf ihres toten Mannes gelegt. Nachdem der Hammer abgebrochen gewesen sei, habe sie noch zwei- bis dreimal zugeschlagen und dann nach dem Schärfmesser gegriffen, das sie mit voller Wucht mehrmals in den Hals ihres Opfers gerammt habe. Weshalb sie mit diesem Schärfmesser zustach, kann sie nicht erklären – sie sei in einer furchtbaren Aufregung gewesen. Beim letzten Messerstich habe sie das Messer im Hals stecken lassen. Anschließend sei sie in einen Nebenraum gegangen, um ihre Hände mit Holzwolle zu reinigen und ein Tuch zum Abtrocknen der Hände zu holen. Sie habe es sich aber anders überlegt, sei an die im selben Raum befindliche Wasserleitung gegangen und habe dort ihre Hände gesäubert. Damit sie nicht in Verdacht gerate, habe sie den Handschuh aus dem angrenzenden Lagerraum genommen, ihn in die neben ihrem Mann ausgebreitete Blutlache getaucht und anschließend unter den Arbeitstisch gelegt. Ob und zu welchem Zeitpunkt sie den Handschuh anhatte, daran könne sie nicht mehr erinnern. Während der Tat habe sie ihn nicht getragen. Anschließend sei sie an das hintere Ende der Werkstatt gegangen, um sich mit dem dort von ihr aufgestellten warmen Wasser und mit einem Putzlappen ihr Gesicht, ihre Beine und ihre braunen Halbschuhe zu waschen. In der Eile habe sie vergessen, den Kocher auszuschalten, auch den Lappen habe sie im Kocherwasser liegen lassen. Danach habe sie ihren blauen, blutbespritzten Arbeitsmantel mit einigen Handtüchern in eine Papierrolle eingepackt, habe das Gebäude verlassen und sei nach Hause gegangen.

IST KARIN S. SCHULDFÄHIG ODER SCHIZOPHREN? Da der Gerichtsmediziner und medizinische Sachverständige Dr. Schreck Zweifel an der Zurechnungsfähigkeit der Karin S. zur Tatzeit äußert, wird diese auf Antrag der Staatsanwaltschaft und des Verteidigers vom Landgericht Stuttgart zur Erstellung eines Gutachtens über ihren Geisteszustand zur Beobachtung in die Heil- und Pflegeanstalt Winnenthal in Winnenden für die Dauer von sechs Wochen eingewiesen.

Aber auch für den Psychiater bleibt die Frau letztendlich ein Rätsel. Da es keine direkten Tatzeugen gibt, ist er über den Verlauf und die Begründung der Tat ausschließlich auf die Aussagen der Frau angewiesen. Die Schilderung der Täterin, dass sie durch die Beschimpfungen und körperlichen Attacken ihres Mannes so gereizt wurde, dass sie zu Hammer und Messer griff und blindwütend auf ihn einschlug und -stach, erscheint dem Psychiater wahrscheinlich. Es passe in das Bild, das er nach der Beobachtung und den Schilderungen Dritter über den Charakter der Beschuldigten erhalten hat.

Die Beschreibungen ihrer Persönlichkeit durch sie selbst und durch alle, die sie kennen, decken sich weitreichend: für gewöhnlich verschlossen, einsiedlerisch, unzugänglich, kalt, überlegt. Dabei sauber, strebsam und fleißig, dann plötzlich, oft aus geringem Anlass, maßlos jähzornig und völlig unbeherrscht. Ihre Verschlossenheit und Gefühlskälte, die zu heftigen Auseinandersetzungen auch mit der Mutter geführt haben und in plötzlich ausbrechenden Jähzornanfällen und blindwütigen Angriffen endeten, weisen auf charakterliche Züge hin, die von der Norm abweichen. Außerdem scheint sie in gewisser Hinsicht geschlechtlich abnorm zu empfinden, da jede Aufregung ihr zugleich eine geschlechtliche Erregung verschafft.

Trotzdem kommt der Psychiater zu dem Ergebnis, dass kein psychopathischer Befund vorliegt und eine Geisteskrankheit mit Sicherheit auszuschließen ist. Ebenso hat sich für eine Schizophrenie, an die der Vorgutachter gedacht hat, keinen Hinweis ergeben. Ihre sonderbare geschlechtliche Empfindung kann ebenfalls kein Motiv zur Tat gewesen sein, denn die geschlechtliche Erregung stellt sich, wie sie sagt, während und nach ihren Jähzornanfällen ein. Hinweise, dass sie solche Anfälle bewusst herbeiführt, um sich sexuell zu stimulieren, konnten nicht erbracht werden.

»Die Tat der Karin S. stellt sich somit als die Reaktion einer explosiv jähzornigen, schwer gereizten Persönlichkeit dar. Für die Anwendung des § 51 fehlen die Voraussetzungen, da weder eine Geisteskrankheit noch eine schwere Psychopathie vorliegen, doch erschiene es wohl angemessen, der charakterlichen Eigenart der Beschuldigten bei Festsetzung des Strafmaßes Rechnung zu tragen.«

DIE VERURTEILUNG Am 10. August wird Karin S. Gelegenheit gegeben, sich mit ihrem ehemaligen vertrauten Freund Johannes Humpfer in einem Büro der Mordkommission zu unterhalten. Das Gespräch wird von Kriminal-Sekretär Hertlein abgehört und sinngemäß niedergeschrieben.

Zunächst erinnert Humpfer sie an ihre alte Freundschaft. Er erklärt ihr, dass er aus der Presse von der schrecklichen Tat erfahren habe und nie gedacht hätte, dass sie dazu fähig sei. Karin S. wiederholt auch Humpfer gegenüber stereotyp immer die gleiche Tatschilderung, die sie bei ihren Vernehmungen angegeben hat. »Ja, ich habe es alleine gemacht, ich war so in Erregung, als mein Mann meine Eltern und unseren Vorarbeiter beschimpfte und mir noch ein paar Backenschläge verabreichte«. Humpfer antwortet: »Weißt du, dass du dein Leben verwirkt hast?« Darauf Karin S.: »Bei Überlegung würde es mir den Kopf kosten. Bei Affekthandlung vielleicht 20 Jahre Zuchthaus, dann wäre ich 55 Jahre alt.«

Gefühlskalt, jähzornig, eiskalt und maßlos egoistisch auf ihren Vorteil bedacht, so präsentierte sich Karin S. in ihren Vernehmungen. Mag sein, dass sich ihr angestauter Hass explosionsartig an einer zynischen Bemerkung oder einer Ohrfeige ihres Ehemannes entzündete und sie in rasender Wut zu Hammer und Messer griff. Sehr schnell jedoch hatte sie nach der Tat ihre Fassung wieder gefunden und zielgerichtet versucht, Scheinspuren zu legen und sich reinzuwaschen. Sturm war gerade ein paar Stunden tot und Karin S. kümmerte sich bereits um die Lebensversicherung und die Weiterführung des Geschäfts. Ihr Ehemann Sturm war abgehakt. Er interessierte nicht mehr.

Das Landgericht Stuttgart verurteilte Karin S. im Mai 1949 zu zwölf Jahren Zuchthaus. Karin S. hat auf Revision verzichtet und das Urteil angenommen.

TOD EINER SCHWARZHÄNDLERIN

Stuttgart, September 1948. Es sind magere Zeiten und der Schwarzhandel brummt. Mit dem Verkauf von Schokolade, Nylonstrümpfen und anderen Nachkriegsschätzen ist auch die 47-jährige Auguste Sauter dick im Geschäft. Am 15. September empfängt sie einen potenziellen Kunden, den hoch verschuldeten Hubert K., in ihrer Wohnung im Stuttgarter Westen. Der 35-Jährige überwältigt die Witwe, betäubt sein Opfer mit Chloroform und raubt ihre Wertsachen – ein Angriff, den die geschäftstüchtige Schwarzhändlerin nicht überlebt.

DAS LETZTE GESCHÄFT DER AUGUSTE SAUTER Der 15. September 1948, ein Mittwoch, ist der letzte Tag im Leben der Auguste Sauter. Gegen Nachmittag verlässt die Witwe den Stuttgarter Talkessel und fährt mit der Straßenbahn hinauf auf Degerlochs Höhen. Ihr Ziel ist der Stadtteil Sonnenberg, wo ihre 19-jährige Tochter Helene Cooper wohnt, die vor ein paar Wochen Mutter geworden ist. Sie ist mit einem Amerikaner verheiratet und wird schon bald mit ihm in die USA ziehen. Gegen 14 Uhr trifft Auguste Sauter bei Tochter und Enkelkind ein. Die Beziehung der beiden hat schon bessere Zeiten gesehen: Seit Helene mit dem »Ami« verheiratet ist, kommt es immer wieder zu Reibereien zwischen den Frauen, da die Mutter zu ihrem Schwiegersohn kein besonders gutes Verhältnis hat. Allerdings nutzt sie dessen Einkaufsmöglichkeiten für ihre Schwarzmarktgeschäfte. Schokolade und Nylonstrümpfe aus dem PX-Store der US-Army sind heiß begehrte Artikel in der Nachkriegszeit und lassen sich glänzend verkaufen oder eintauschen.

Geschäftstüchtig war Auguste Sauter schon immer. Geboren 1901 in Leverkusen und aufgewachsen in Gladbeck absolviert sie nach der Volksschule 1915 eine kaufmännische Lehre und bringt es bis zur Filialleiterin bei der Firma Krupp. Als sie ihren Mann kennenlernt, der als Vertreter für die Füllhalterfabrik Kaweco, Wiesloch, arbeitet, zieht sie mit diesem nach Berlin, um dort eine Niederlassung der Firma aufzubauen. Augustes Ehemann organisiert den Vertrieb und reist durch Norddeutschland. Parallel dazu betreiben sie einen Reparaturbetrieb für Füllhalter. 1929 kommt ihre Tochter Helene auf die Welt. Ausgestattet mit einem gesunden Selbstbewusstsein, ordnungsliebend, pedantisch und machtbewusst leitet Auguste Sauter den Betrieb mit 20 Angestellten. Die Umsätze steigen, das Geschäft floriert in den 1930er-Jahren hervorragend und die junge Unternehmerin investiert in Schmuck und Porzellan.

Dann beginnt der Krieg. Ihr Mann hat zunächst Glück und wird nicht zur Wehrmacht eingezogen. Kurz vor Kriegsende muss er aber in Berlin zum Volkssturm, wird schließlich in den letzten Bombennächten vermisst und im Frühjahr 1948 für tot erklärt. Bereits im April 1943 wird die Firma zum ersten Mal ausgebombt. Im Sommer 1944 schafft Auguste Sauter Teile ihrer Wohnungseinrichtung und andere Wertgegenstände nach Unterelchingen bei Ulm, wo sie mit ihrer Tochter bei Verwandten ihres Mannes Unterschlupf findet. In den Nachkriegswirren reist sie im Herbst 1945 und 1946 noch zweimal nach Berlin, um nach Wertsachen zu suchen.

Im Sommer 1946 bekommt Auguste Sauter mit ihrer Tochter eine Zuzugsberechtigung nach Stuttgart und zieht in ein Zimmer in der Reinsburgstraße 146. Dort steigt sie in das Schwarzhandelsgeschäft ein, um damit ihren Lebensunterhalt zu bestreiten. Drei Monate später bezieht sie die Erdgeschosswohnung in der Schwabstraße 121 im Stuttgarter Westen. Zur gleichen Zeit lernt sie ihren Freund Alfons Kämmerer kennen. Er arbeitet als Verkäufer in einem Gebrauchtwarengeschäft, in dem sie ein Schlafzimmer kaufen möchte. Da Möbel zwangsbewirtschaftet sind und Auguste »Elly« Sauter keine Bezugsberechtigung vorweisen kann, scheitert der offizielle Kauf. Man kommt ins Gespräch. Kämmerer sagt: »Vielleicht kann ich Ihnen ein Schlafzimmer besorgen, ich hab da so meine Beziehungen« »Wenn das mit dem Schlafzimmer klappen würde, würde ich Ihnen auch einen Gefallen tun«, antwortet Elly und lädt Kämmerer zu sich nach Hause ein.

Sie beginnt ein intimes Verhältnis mit Kämmerer, der sie fast täglich nach der Arbeit besucht und die Wochenenden bei ihr verbringt. »Beruflich« läuft es ebenfalls gut für die geschäftstüchtige 47-Jährige: Permanent ist sie im württembergischen Raum unterwegs und handelt mit Schmuck, Möbeln, Strümpfen und Schokolade in Stuttgart und Umgebung. Der amerikanische Schwiegersohn – auch wenn sie ihn nicht leiden kann – ist mit seinen Bezugsquellen ein wichtiges Glied ihrer Wertschöpfungskette.

Kurz nach 17 Uhr verlässt Auguste Sauter die Wohnung ihrer Tochter in Sonnenberg, obwohl Helene ihr zuredet, noch zu bleiben. Auguste ist enttäuscht, weil ihre Tochter die versprochene Schokolade nicht besorgt hat. »Ich erwarte um 18 Uhr Besuch, hoffentlich klappt das Geschäft, obwohl ich keine Schokolade habe. Wenigstens kann ich die Nylonstrümpfe verkaufen«, erklärt die Mutter und verabschiedet sich.

Allerdings sagt sie der Tochter nicht, wer um 18 Uhr zu Besuch kommen wird. Helene Cooper weiß angeblich nicht genau, womit ihre Mutter ihren Lebensunterhalt bestreitet; sie habe allerlei Geschäfte getätigt, so äußert die Tochter sich später vor den Vernehmungsbeamten.

Gegen 18.45 Uhr verlässt Auguste Sauter die Straßenbahnlinie 9 an der Kreuzung Schwabstraße / Bebelstraße und läuft zu ihrer Wohnung, die sie kurz vor 19 Uhr erreicht. Kaum hat sie ihren Mantel ausgezogen, klingelt es und die Schwarzhändlerin lässt ihren Mörder in die Wohnung.

EINE FURCHTBARE ENTDECKUNG Seit knapp zwei Jahren besteht nun schon das Verhältnis zwischen Alfons Kämmerer und Elly Sauter. Für Kämmerer ist es eine bequeme Sache. Er hat zwar in Stuttgart ein Zimmer angemietet, nächtigt jedoch seit dem Auszug von Sauters Tochter Helene mehr oder weniger regelmäßig bei seiner Freundin, die ihn auch bekocht und seine Wäsche richtet. Er arbeitet inzwischen bei der Firma Rehn im Büro und als Vertreter im Großraum Stuttgart, besitzt ein Auto und verdient seit der Währungsreform im Juni knapp über 200 Deutsche Mark im Monat. Die sexuelle Beziehung der beiden verläuft nach Aussage von Kämmerer zwar nicht besonders gut und gelegentlich kommt es zu Auseinandersetzungen, doch schätzen sowohl der etwas zurückhaltende und gemütliche Vertreter als auch die exaltierte Sauter die Vorteile ihrer Beziehung und arrangieren sich.

Seit der Währungsreform 1948 laufen die Geschäfte immer schwieriger.

Kämmerer verlässt am Mittwoch, 15. September, gegen 18 Uhr das Büro und geht in sein Stammlokal im Eberhardsbau in der Innenstadt. Dort trifft er den praktischen Arzt Dr. Hufnagel, mit dem er des Öfteren am Stammtisch sitzt. Gegen 18.50 Uhr bricht Kämmerer auf und fährt mit seinem Wagen in die Schwabstraße 121. Auf dem Weg dorthin nimmt er Dr. Hufnagel mit und setzt ihn an seiner Wohnung ab. Kämmerer ist verwundert, als er bei Elly Sauter klingelt und diese nicht öffnet. Er hat zwar einen Wohnungstürschlüssel, aber keinen für die Haustüre. Vielleicht ist Elly bei ihrer Tochter, denkt er und fährt auf den Sonnenberg. Dort kommt er zwischen 19 Uhr und 19.30 Uhr an, hupt und fragt die Tochter, ob Elly da sei. Helene Cooper verneint, worauf Kämmerer wieder zurück zur Wohnung fährt. Er bemerkt, dass die Haustüre nur angelehnt ist, drückt sie auf, geht ins Treppenhaus und schließt die Wohnungstür auf. Im Wohnzimmer entdeckt er die auf dem Rücken liegende Elly Sauter, deren Gesicht mit einem Sofakissen bedeckt ist. Kämmerer nimmt das Kissen weg, sieht den Schaum vor Ellys Mund und ihr blau angeschwollene Gesicht. Er läutet an der gegenüberliegenden Wohnung, eine ihm unbekannte männliche Person öffnet, er fragt nach der Nachbarin und erfährt, dass sie außer Haus ist. Er setzt sich in sein Fahrzeug, fährt zu Dr. Hufnagel und klingelt diesen heraus. Zusammen kehren sie an den Tatort zurück, wo Dr. Hufnagel den Tod der Auguste Sauter feststellt. »Was müssen wir jetzt tun?«, fragt Kämmerer den Doktor. »Wir müssen jetzt die Polizei verständigen«, antwortet der Arzt.

Lage des Opfers beim Auffinden

DIE MORDKOMMISSION NIMMT IHRE ARBEIT AUF Um 20.50 Uhr wird der 28-jährige Kriminal-Inspektor Manfred Farnbacher von der Dienststelle 1 verständigt. Nach der kurzen Sachverhaltsschilderung antwortet er mit einem kurzen »Ich komme«, bindet sich eine Krawatte um, zieht sein Jackett an und fährt so schnell es geht an den Tatort. Es ist jetzt 21.20 Uhr. Dieser Fall wird der letzte sein, den Farnbacher als Chef der Mordkommission leitet.

Farnbachers Polizeilaufbahn begann nach dem Krieg beim Landesfahndungsamt. 1948 wechselte er zum Polizeipräsidium Stuttgart. Seit einem halben Jahr leitet er vertretungsweise die Mordkommission, da der etatmäßige Chef seit mehreren Monaten einen sogenannten Vorgesetztenlehrgang bei der Polizeischule besucht. Farnbacher wird in Kürze eine neue Aufgabe übernehmen: die Leitung der Inspektion 2, die für Raub, Erpressung und Diebstahl zuständig ist. Da der junge Kriminal-Inspektor die Zeit bei der Dienststelle 1 mit einem Erfolg abschließen möchte, wird er in den nächsten drei Monaten mit allem Ehrgeiz und einer eingeschworenen Truppe Tag und Nacht die Ermittlungen führen und alles versuchen, um den Mörder von Auguste Sauter zu fassen.

Gleich bei seinem Eintreffen sichert Unterwachtmeister Birner den Tatort. Neben Dr. Hufnagel und Alfons Kämmerer ist mittlerweile auch die Tochter der Ermordeten, Helene Cooper, in der Wohnung. Die Tatortsituation lässt keinen Zweifel: Auguste Sauter ist Opfer eines Raubmordes geworden. Kratzverletzungen an den Händen und an der Halspartie des Opfers sind deutlich sichtbar. Kämmerer und die Tochter erklären, dass Elly Sauter im Besitz einer Schmuckschatulle und einer Kamera gewesen sei und dass beide Gegenstände jetzt fehlten.

Die Kriminal-Sekretäre vom Erkennungsdienst, Lemberg und Humboldt, sichern am Tatort das Sofakissen mit Blutantragungen; ein blutverschmiertes Handtuch sowie einen Waschlappen stellten die Beamten im Badezimmer sicher, ebenso mit Blut behaftete Zehnpfennigscheine, die verstreut im Wohnzimmer liegen. Auf dem Diwan im Wohnzimmer befinden sich ebenfalls blutartige Flecken, die sofort gesichert werden. Im Schlafzimmer zwischen Bettrost und Auflagebrettern entdecken die Ermittler zwei goldene Füllfederhalter, eine goldene Smokinguhr und eine größere Anzahl an Goldfedern. Der Tatort wird fotografiert und Lemberg fertigt eine handgemalte, maßstabsgetreue Übersichtsskizze an, auf der detailliert jede Spur nochmals dokumentiert ist.

Die kriminaltechnischen Untersuchungen am Handtuch ergeben Hinweise auf die Blutgruppe o, Sauters Blutgruppe. Fremdblut kann nicht verifiziert werden. Im Handtuch werden

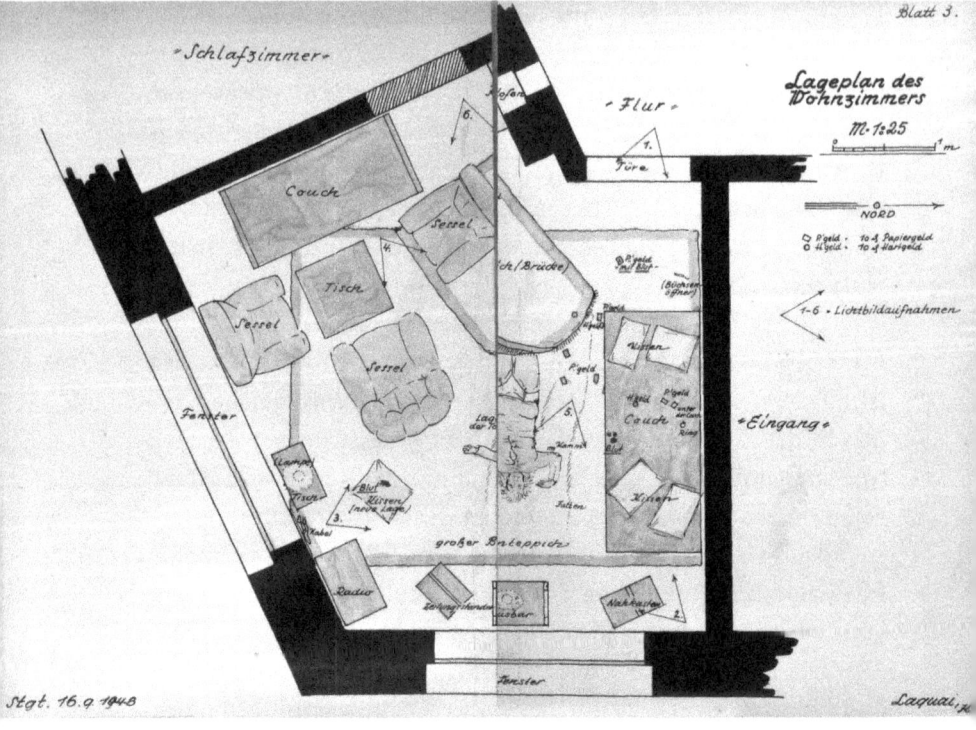

Maßstabsgetreue Skizze des Tatorts mit komplettem Spurenbild

rotbraune und dunkelblaue Kunstfasern sowie ein bräunliches Menschenhaar nachgewiesen.

Bei der Sektion am nächsten Tag im Pragfriedhof stellt der Pathologe ein subdurales Hämatom am Hinterkopf fest, welches durch stumpfe Gewalteinwirkung hervorgerufen wurde und zum Tode führte. Am Hals diagnostiziert er Würgemale. Ebenso sichert er Fingernagelschmutz, der von Abwehrversuchen herrührt. Ein histologisches Gutachten steht noch aus.

Erste Ermittlungen und Nachbarschaftsbefragungen ergeben lediglich, dass Elly Sauter gegen 18.45 Uhr nach Hause gekommen ist und der über ihr wohnende Hausbewohner zwischen 19 und 19.30 Uhr einen dumpfen Fall hörte.

Bis zum 28. Oktober überprüft und befragt die Polizei in Stuttgart und ganz Deutschland fast 200 Personen, deren Namen aus Elly Sauters schriftlichen Unterlagen hervorgehen. Die umfangreichen Ermittlungen durch Kriminal-Sekretär Hertlein, Kriminal-Assistent Krimmer und durch den Chef der Ermittlungen, Kriminal-Inspektor Farnbacher, bringen keine Anhaltspunkte darüber, dass sich außer Kämmerer und der Tochter der Ermordeten noch jemand anderes in der Wohnung gut auskannte. Bei aller Geschäftemacherei verhielt sich die Schwarzhändlerin gegenüber ihren Geschäftspartnern doch sehr vorsichtig und zeigte ihre Schmuckverstecke nicht. Die umfangreiche Nachbarschaftsbefragung ergibt, dass Auguste Sauter viele Geschäftspartner aufsuchte, in der Schwarzmarkthochburg Reinsburgstraße regelmäßig aus- und einging und viel auf Reisen war. Insgesamt wird sie als etwas angeberisch beschrieben – sie habe, so ihr Umfeld, gerne erwähnt, dass sie schon wesentlich bessere Zeiten erlebt habe und noch sehr vermögend sei. Dennoch ergeben die vielen Vernehmungen nichts Negatives über ihren Lebenswandel oder ihre Person. Eine konkrete Spur entwickelt sich zunächst nicht.

Also konzentrieren sich die Beamten der Mordkommission auf die Überprüfung von Alfons Kämmerer, der einen Aron Grinberg als möglichen Täter benennt. Dieser habe vermehrt Tauschgeschäfte mit Elly Sauter abgewickelt und sei auch im Schmuckhandel mit ihr verbandelt gewesen. Noch in der Tatnacht gegen 22.30 Uhr suchen zwei Kriminalbeamte Grinbergs Wohnung in der Falbenhennenstraße im Stuttgarter Süden auf. Zufällig zeitgleich mit den Beamten trifft Grinberg in seiner Wohnung ein. Er gibt an, den Nachmittag und Abend im jüdischen Kartenspielklub in der Reinsburgstraße verbracht zu haben. Als er jede Geschäftsverbindung zu Sauter abstreitet, wird sein Zimmer durchsucht – mit negativem Ergebnis. Auch finden sich bei ihm keine Verletzungen. Das sofort überprüfte Alibi ist wasserdicht. Grinberg scheidet als Täter aus.

Kämmerer hingegen hatte einen Schlüssel zu Sauters Wohnung und eine zeitliche Überprüfung der Fahrt von der Wohnung der Tochter bis zur Wohnung in der Schwabstraße ergibt, dass der Lebensgefährte als Täter nicht ausgeschlossen werden kann. Nach Aussage der Tochter wollte die Mutter ebenfalls bald nach Amerika auswandern. Kämmerer soll deshalb größere Geldbeträge von seiner Freundin gefordert haben. Zweifellos war Kämmerer auch in Sauters Schwarzmarktgeschäfte involviert. Aus diesem Grund durchsuchen Kriminalbeamte noch in der Tatnacht dessen Wohnung, allerdings ohne Erfolg.

In der letzten Septemberwoche werden von den Graphischen Kunstanstalten in Stuttgart Druckvorlagen für ein sogenanntes Mordplakat gefertigt. Zeichnungen der 15 Schmuckstücke, versehen mit den Personalien des Opfers und Informationen zum Tatort, werden landesweit verteilt. Nicht nur die Polizeidienststellen werden bedient, sondern auch Uhrmacher und Goldschmiede, Zeitungen werden in die Fahndung eingebunden. Die erschütterte Tochter Helene Cooper erklärt sich bereit, zur Ergreifung des Täters eine Belohnung in Höhe von 1 000 DM aufzulegen. An jeder Ecke der Stadt ist plakatiert: »RAUBMORD! 1 000 DM Belohnung«.

EINE HEISSE SPUR Zehn Tage nach dem Raubmord schlendert der 40-jährige Frieder Ludwig, ein seit der Währungsreform arbeitsloser Vertreter, ziellos durch die Stuttgarter Innenstadt und bleibt vor dem Plakat stehen. »1 000 DM Belohnung!« liest er gedruckt in roter Farbe. Zuerst stutzt er wegen der Tatzeit, doch als er die gezeichneten Schmuckstücke näher betrachtet, ist er wie elektrisiert und meldet sich bei der Kriminalpolizei, wo er von Kriminal-Sekretär Hertlein vernommen wird. Ludwig gibt an, dass ihm am Tag nach dem Raubmord ein mehrgliedriges goldenes Armband angeboten wurde.

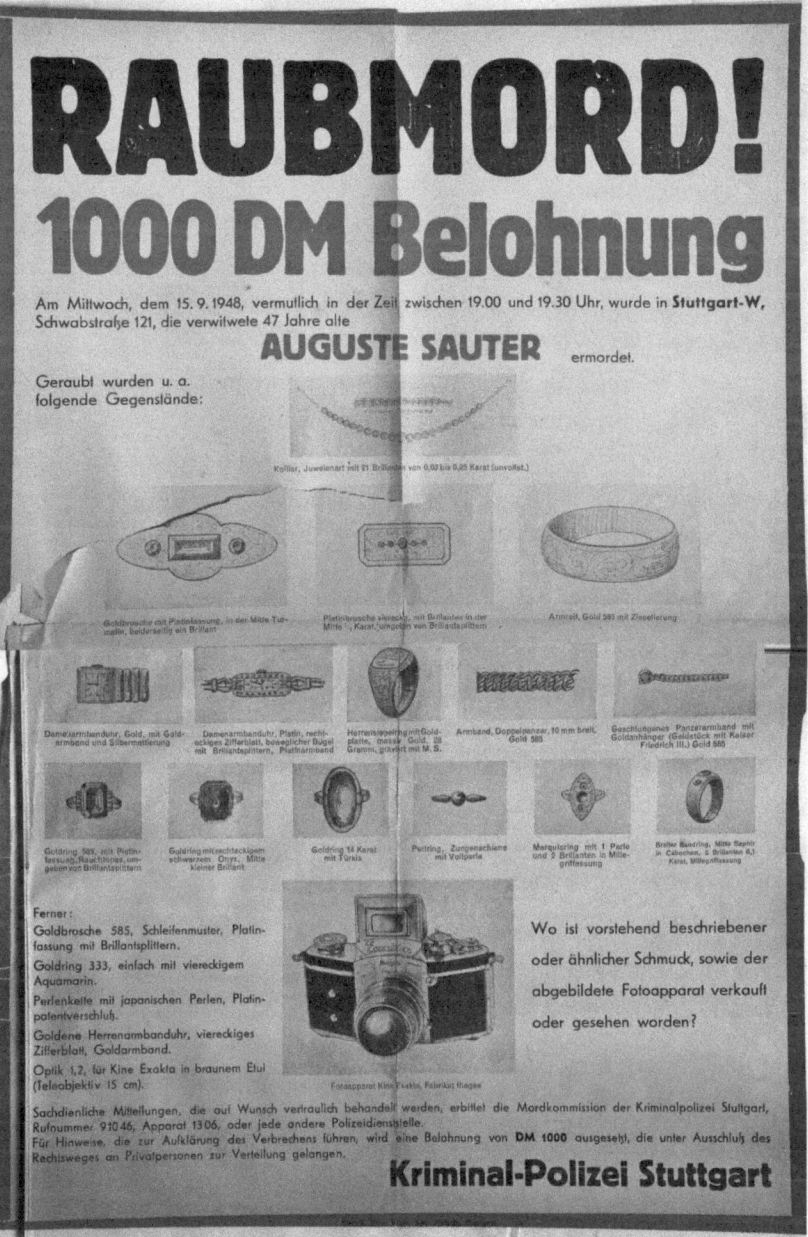

*Fahndungsplakat mit Raubgutabbildungen nach
Beschreibung durch die Tochter des Opfers*

Der Zeuge Ludwig hält sich fast täglich im Wettbüro Pflugfelder auf. Von dort, so berichtet er, kenne er einen gewissen Hubert K. Am Donnerstag, einen Tag nach dem Raubüberfall, sei Hubert K. morgens zwischen 11 und 12 Uhr in das Wettbüro gekommen und habe frische Kratzwunden unter dem rechten Auge und im Gesicht gehabt. Sehr nervös habe er sich verhalten und ihn, Ludwig, gebeten, das Armband für ihn für 200 Mark zu verkaufen. Wenn er mehr erlöse, so habe Hubert K. gesagt, könne er die Differenz als Vermittlungsprovision behalten. Ludwig habe dann, so berichtet er weiter, das Armband bei einem Händler verkauft, seine Provision eingestrichen und Hubert K. die vereinbarten 200 Mark gegeben. Verwundert habe ihn die Bitte Hubert K.s, die 200 Mark dem Juwelier Lang zu bringen, bei dem er noch Schulden besitze. Auf die Frage, warum er dies nicht selber erledigen könne, habe Hubert K. erklärt, dass er dringend weg müsse. Stutzig sei Ludwig dann erst recht geworden, als Hubert K., sonst täglich im Wettbüro, ab diesem Zeitpunkt nicht mehr dort aufgetaucht sei. Zur Beschreibung des Armbandes erklärt Sauters Tochter Helene Cooper, dass es sehr wahrscheinlich aus dem Schmuckbestand ihrer Mutter stamme.

Das Armband, das Ludwig auf dem Schwarzmarkt an den Juwelier Lang verkaufte, hat Lang inzwischen weiterverkauft. Aufgrund dieser Erkenntnisse werden eine Fahndung an alle Polizeidienststellen der Bi-Zone und der französischen Zone ausgestrahlt und Hubert K. im Württemberg-Badischen Fahndungsblatt zur Festnahme ausgeschrieben. Umfangreiche Ermittlungen führen die Stuttgarter Kriminalisten nun zunächst nach München, da sich die Hinweise konkretisierten, dass sich Hubert K., dem der Boden in Stuttgart offenbar zu heiß geworden ist, in die Spielerszene nach München abgesetzt hat. Die Jagd nach Hubert K. wird jetzt bundesweit intensiviert.

Mit seiner neuen Freundin setzt sich Hubert K. am 11. Januar 1949 nach Leverkusen ab und sucht Unterschlupf bei seiner

Schwester. Doch das panische und ziellose Umherirren endet am 23. Januar 1949 mit der Festnahme in Dortmund: Hubert K. und seine Freundin wollen sich dort mit Hubert K.s Freund Thomas Bullinger in dessen Wohnung treffen, worüber dieser aber die Polizei informierte. Ludwig erhält am 5. März 1949 von der ausgesetzten Belohnung 700 DM, Bullinger 300 DM.

EIN LEBEN IM SCHLINGERKURS: DIE BIOGRAFIE DES HUBERT K.

Freudlose Kinder- und Jugendjahre Hubert K. wird am 8. August 1913 in Leverkusen geboren. Er ist der Zweitjüngste in der Familie und hat noch drei ältere Geschwister. Sein Vater ist Bäckermeister und betreibt eine Bäckerei in Leverkusen. Als Hubert K. zwei Jahre alt ist, stirbt die Mutter. Die fünf Kinder, darunter sein erst sechs Monate alter Bruder, werden von wechselnden Haushälterinnen aufgezogen. Es sind zwar geordnete Familienverhältnisse, doch die fehlende emotionale Nähe der Mutter macht Hubert K. zu schaffen. Mit fünfeinhalb Jahren kommt er in die Schule. Als er zehn Jahre alt ist, heiratet sein ältester Bruder eine bei seinem Vater angestellte Haushälterin. Die Familienverhältnisse verschlechtern sich zusehends. Die 16-jährige Schwester läuft von zu Hause weg und kommt in Köln in das Kloster »Zum guten Hirten«, wo sie für drei Jahre untergebracht ist. 1927 kommt der junge Hubert aus der Schule und arbeitet zunächst aushilfsweise im väterlichen Betrieb. Dann beginnt er eine Schlosserlehre, die er nach drei Monaten abbricht. Es folgt ein Praktikum bei der Laborantenschule der IG Farben in Leverkusen. Zu Hause spitzt sich die problematische Situation zu: Seine Schwägerin bekommt zwei Kinder, wodurch die Größeren mehr und mehr zurückstehen müssen. Es fehlt an vernünftiger Kleidung. Taschengeld gibt es ebenfalls nicht. Hubert K. muss Brötchen austragen, auch während seiner Zeit bei IG Farben.

Stets erreicht er den Betrieb zu spät und wird verwarnt. Doch er schafft es nicht, die beiden Aufgaben unter einen Hut zu bringen. Schließlich bleibt er zu Hause und trägt nur noch Brötchen aus. Gelegentlich nimmt er mehr Brötchen mit, verkauft sie unter der Hand oder liefert weniger Geld ab. Die familiären Verhältnisse sind jetzt unerträglich.

Im Winter 1928/29 beschließt K., mit seinem drei Jahre älteren Freund nach Amerika abzuhauen. Die beiden verfügen über 75 Mark, die der Freund bei den Großeltern unterschlagen hat. Mit dem Zug fahren sie nach Basel, von dort wollen sie zu Fuß über die Alpen nach Genua und sich dann als Schiffsjungen nach Amerika durchschlagen. Bei Bern greift sie eine Polizeistreife auf und steckt die beiden wegen unerlaubten Grenzübertritts sechs Tage ins Gefängnis.

Auf diese Weise kommt Hubert K. erstmals mit dem Gesetz in Konflikt. Die italienischen Behörden verschieben die zwei jungen Männer nach Lörrach. Hubert K. darf nicht mehr nach Hause, er kommt in eine Fürsorgeanstalt, zunächst nach Rhein-Dahlen, drei Monate später nach Euskirchen. Doch er hat Glück: Der Anstaltsinspektor ist hochzufrieden mit dem Auftreten und Verhalten des jungen Mannes und bietet ihm eine Ausbildung zum Möbeltischler an, die er nach vier Jahren mit der Note »sehr gut« abschließt. K. wird nach Hause entlassen. Da er keine Arbeit findet, hilft er wieder in der Bäckerei seines Vaters mit, bis es zum endgültigen Bruch mit seiner Schwägerin kommt.

Ziellos durch Deutschland 1933 lebt Hubert K. zunächst von der Wohlfahrtsunterstützung, meldet sich zum Arbeitsdienst, leistet anschließend in Pommern Landhilfe und erhält den Landhelferbrief mit dem Prädikat »sehr gut«. Danach arbeitet er als Tischler bei der Heilsarmee, wo er Unterkunft, Kleidung, Verpflegung und 10 Mark Taschengeld bekommt. 1938 meldet er sich als Aufbauhelfer von Rüstungsbetrieben und kommt mit einem

Transport nach Delitzsch. Im Winter ruht die Arbeit und Hubert K. kommt bei einem Möbeltischler in Delitzsch unter. Als er nicht mehr zur Rüstungsarbeit zurück will, droht man ihm mit der Gestapo. Nun klaut er seinem Chef Kleidungsstücke und Schuhe, setzt sich nach Leipzig ab, verhökert die Gegenstände und fährt mit dem erlösten Geld nach Hamburg. Dort schlägt er sich mit Gelegenheitsarbeiten am Hafen durch, verkauft zusammen mit einem Seemann gestohlene Kleider, wird festgenommen und für neun Monate in Hamburg eingesperrt. Nach seiner Entlassung im April 1940 arbeitet Hubert K. in Hamburg als Kohlearbeiter für täglich 12 Reichsmark.

Kriegsjahre Im September 1940 wird Hubert K. zur Wehrmacht eingezogen. Nach zweijährigem Fronteinsatz bekommt er erstmals Heimaturlaub. Als er zurück an die Front nach Leningrad fährt, lernt er in Berlin eine Frau kennen. Seine Rückreise verzögert sich um einen Tag. Aus Angst vor disziplinarischen Maßnahmen taucht Hubert K. in Berlin unter. Er wird von einer Wehrmachtsstreife kontrolliert und erhält eine fünfjährige Zuchthausstrafe, die er nach dem Krieg verbüßen soll. Die nächsten eineinhalb Jahre verbringt er in einem Arbeitslager, bis sein Gesuch auf Wiederaufnahme in die Wehrmacht bewilligt wird. 1944 wird Hubert K. in Kurland in einem Bewährungsbataillon an die Front geschickt, wo er eine schwere Verwundung erleidet.

Nach seiner Genesung folgt der Stellungsbefehl zu einem Bewährungsbataillon an die westliche Front. Der Transport führt über Stuttgart. In Kornwestheim gerät K.s Zug in einen Tieffliegerangriff, was zur Folge hat, dass die Soldaten sich in den umliegenden Ortschaften verteilen müssen. So kommt Hubert K. in Stammheim bei einer Frau Baumer unter. Ein Mitbewohner zeigt ihn jedoch an und der Ortsgruppenleiter sorgt dafür, dass der Soldat wieder einen Marschbefehl erhält. Er kommt noch bis

Backnang, wo er von amerikanischen Truppen festgenommen und am 16. Juli 1945 entlassen wird. Er geht zunächst wieder zu Frau Baumer nach Stammheim.

Neubeginn in Stuttgart In der Gefangenschaft hat K. den Schauspieler und Humoristen Christian Gscheitle kennengelernt, der ihm im November 1945 eine Anstellung im Metropol-Theater in Stuttgart verschafft. Bis März 1946 arbeitet er dort als Bühnenassistent. Nach der Enteignung der Besitzer kündigt K. seine Anstellung und zieht mit einer Artistin zwei Monate durch Süddeutschland, bis er schließlich in Oberstdorf landet. Dort lernt er die Familie Eschweiler aus München-Gräfelfing kennen, die er im Juli 1946 erstmals besucht. Weitere Besuche folgen. In München-Riem geht Hubert K. zum ersten Mal in seinem Leben auf die Pferderennbahn und beginnt zu setzen. Spontan gewinnt er 2000 Reichsmark. »Wozu soll ich arbeiten«, denkt er, »wenn ich so leicht Geld verdienen kann?« Nach diesem Erfolg geht er regelmäßig auf die Rennbahn und gewinnt insgesamt etwa 30000 Reichsmark. In München kauft er auf dem Schwarzmarkt Speck und Lebensmittel. Über den ehemaligen Besitzer des Metropol-Theaters, Sobotic, lernt er die Schwester von Sobotics Ehefrau kennen, die er im März 1947 heiratet. Seinen Lebensunterhalt bestreitet K. in dieser Zeit vorwiegend durch Pferdewetten und Schwarzhandelsgeschäfte.

Versuch eines geregelten Lebens Im Dezember 1946 übernimmt Sobotic wieder die Leitung des Metropol-Theaters in Stuttgart und stellt K. erneut als Bühnenmeister ein. Damit verdient K. 450 Mark netto und lässt das Wetten bleiben. Zusammen mit dem Ensemble geht er nun auf Tournee durch Süddeutschland. Aus nicht bekannten Gründen kündigt Hubert K. nach dem Tournee-Ende im Oktober 1947 und ist wieder arbeitslos.

Der Absturz K. fährt nun regelmäßig nach München, treibt sich auf der Rennbahn herum und glaubt, seinen Lebensunterhalt wieder mit Pferdewetten und Schwarzmarktgeschäften bestreiten zu können. Doch er verliert fast durchweg. Sogar seine Schwarzmarkteinnahmen verspielt er umgehend beim Wetten. An seinen Wochenenden in München übernachtet er bei Gertraude Kröger in Laim, mit der ihn sein Wettfreund und Schwarzmarktpartner Bullinger bekannt machte. Im Oktober 1947 geht er mit 5 000 Reichsmark nach München, die er restlos verspielt. Sein Freund Bullinger hilft ihm beim Veräußern mehrerer Gegenstände aus der Wohnung von Kröger, die zu diesem Zeitpunkt verreist ist. Für die Kleider erhält er 1 500 Reichsmark, die er sofort verspielt. Die Bestohlene sieht von einer Anzeige ab und fordert lediglich Schadenersatz. K. kratzt wieder irgendwie Geld zusammen und zahlt seine Schulden. Danach versetzt er seinen Ehering sowie seine Armbanduhr und bestiehlt auch noch eine befreundete Familie, wird wegen Diebstahls angezeigt und zu einer neunmonatigen Freiheitsstrafe verurteilt. Im November 1947 kehrt er nach Stuttgart zurück. Seine Frau will sich scheiden lassen – sie hält die Eskapaden ihres Mannes nicht mehr aus.

Anfang 1948 verlagert K. seine Wettleidenschaft nach Stuttgart, wo zwischenzeitlich der Buchmacher Pflugfelder sein Geschäft eröffnet hat. Der Kreislauf beginnt von Neuem: Geschäfte machen, Schulden, wieder verlieren. Immer tiefer treibt ihn seine Spielsucht in die Kriminalität. Hubert K. verhökert selbst die Möbel seiner Frau, um die ärgsten Gläubiger bedienen zu können. Kurzfristig arbeitet er als Vertreter, tauscht landwirtschaftliche Geräte gegen Lebensmittel und verspielt dann umgehend seinen Verdienst.

Nach der Währungsreform im Juni 1948 versucht K. erneut, Fuß zu fassen. Er geht zum Arbeitsamt und sucht eine Stelle als Tischler, bekommt aber nur negative Bescheide. Die Wetterei geht weiter. Er setzt jetzt nicht mehr 100 Reichsmark, sondern ein oder zwei DM. Seine aus der Reichsmark-Zeit angehäuften Schulden belaufen sich zwischenzeitlich auf umgerechnet etwa 1100 DM. Der Druck seiner Schuldner nimmt nach der Währungsreform zu, weshalb er die Einsätze auf 10 und 20 DM erhöht. Er verliert stetig und steigt nun vermehrt in das Schwarzmarktgeschäft ein. Im Displaced-Lager in der Reinsburgstraße, dem Stuttgarter Schwarzmarktzentrum, kauft er Stangenkäse zu 18 Mark und verkauft diesen für 20 Mark in Gaststätten. In der Folgezeit steigt der Einkaufspreis, wodurch die Gewinnspanne immer weiter schrumpft. Seine besorgte Frau drängt ihn, das Schwarzmarktgeschäft aufzugeben, welches ihr schon immer ein Dorn im Auge war. Als sie im August 1948 für ein paar Tage zu Verwandten nach Karlsruhe fährt, verwettet ihr Mann das gesamte vorhandene Bargeld. Die Drohkulisse, die sich jetzt auftut, ist übermächtig: Schulden bei Freunden und Bekannten, ein drohender Gefängnisaufenthalt wegen Diebstahls und das Zollamt, das wegen Zigarettengeschäften vorstellig wird – Hubert K. ist am Ende und sieht keinen Ausweg mehr.

Letztes Aufbäumen Anfang September 1949 offenbart K. seiner Ehefrau das Ausmaß der angehäuften Schulden und erzählt ihr von dem Druck der drängenden Gläubiger. Seine Frau schlägt ihm vor, eine geregelte Arbeit aufzunehmen und die Schulden in Raten von 20 Mark abzubezahlen. Er verschweigt ihr allerdings, dass er einer Gläubigerin, die ihm 200 Mark geliehen hat, bis Dienstag, 16. September, die Schulden zurückzahlen muss. Hubert K. geht noch einmal aufs Ganze, wettet und verliert wiederum alles.

Der 13. September ist ein Montag. Es ist Nachmittag gegen 2 Uhr. Hubert K. geht in die Obere Reinsburgstraße, um dort ein halbes Pfund Butter zu kaufen. Da es stark regnet, stellt er sich an der Straßenbahnhaltestelle unter. Eine ältere gepflegte Dame tritt hinzu und spricht ihn an. Als er erzählt, dass er in der Reinsburgstraße eingekauft habe, kommen die beiden auf Schwarzmarktgeschäfte zu sprechen. Die Dame, die sich als Frau Sauter vorstellt, lässt verlauten, dass sie sehr gute Beziehungen zu Amerikanern habe und Schokolade sowie Nylonstrümpfe besorgen könne – Letztere für 25 Mark. K. und Sauter fahren mit der Straßenbahn zum Alten Postplatz und Frau Sauter kauft beim Schuhgeschäft Schöpp eine Handtasche. »Die verkaufe ich mit 200 DM Gewinn weiter«, erklärt sie dem erstaunten Hubert K. Als dieser sich verabschieden will, fordert sie ihn auf, am nächsten Tag um 18 Uhr in ihre Wohnung zu kommen. Ihre Adresse schreibt sie auf einen Zettel. Sie verabschiedet sich. K. geht nun nach Hause und teilt seiner Frau mit, dass er sich einen Anzug leihen müsse, da er ein Strumpfgeschäft in Aussicht habe. »Hör endlich mit diesen gefährlichen Dingen auf und such dir ein Geschäft«, fordert ihn seine Frau nochmals eindringlich auf.

Am Dienstag geht Hubert K. in die Wettannahme und leiht sich 100 Mark, um bei Auguste »Elly« Sauter Schokolade und Strümpfe kaufen zu können. Um 18 Uhr erscheint er bei ihr in der Schwabstraße, wird hereingelassen und nimmt auf einem Clubsessel Platz. Die geschäftstüchtige Schwarzhändlerin schenkt ihm ein Glas Likör ein. Sie sitzt ihm gegenüber, schlägt die Beine übereinander und bemerkt, dass sie nur gute Seidenwäsche und Nylonstrümpfe tragen würde. Dann fängt sie an, über die Beschaffenheit ihrer Reizwäsche zu erzählen, was K. veranlasst, krampfhaft das Thema zu wechseln, da er an der 47-jährigen Witwe keinerlei sexuelles Interesse verspürt. K. will zur Sache kommen und fragt nach der Schokolade und den Nylonstrümpfen. Als Sauter erklärt, dass sie die Strümpfe erst in den nächsten Tagen bekomme und auch keine Schokolade vorrätig habe, will ihr Geschäftspartner sich verabschieden. Mit den Worten: »Ich muss Ihnen noch mein Schlafzimmer zeigen«, führt Sauter ihren Gast dort hinein. Als er auf den Wäscheschrank deutet, gibt sie preis, dass dies nicht nur ihr Wäscheschrank ist, sondern dass sie dort auch ihre Wertsachen lagert. Elly Sauter holt eine Kassette aus dem Schrank, kehrt mit K. ins Wohnzimmer zurück und zeigt ihm dort den Inhalt. »Schätzen Sie, welchen Wert der Schmuck wohl darstellt«. Hubert K. schätzt 5 000 Mark, was die Schwarzhändlerin sehr erheitert. »Da täuschen Sie sich aber gewaltig«, antwortet sie und packt den Schmuck wieder weg. Sie bestellt ihren Geschäftspartner wieder für den nächsten Tag auf 18 Uhr ein, bis dahin will sie die Schokolade und die Strümpfe besorgt haben.

Abends teilt K. seiner Frau den Misserfolg mit, die ihm noch einmal dringend rät, diese Geschäfte aufzugeben und eine geregelte Arbeit zu suchen. K. geht früh zu Bett und grübelt über seine missliche Situation. In dieser Nacht reift bei ihm der Gedanke, Elly Sauters Schmuck zu rauben. Er kann keinen Schlaf finden. Nachts um ein Uhr holt er einen Krimi aus der unteren Schublade seines Nachtschranks hervor. In dem fiktiven Fall geht es um einen Juwelendiebstahl. Der Täter betäubt das Opfer mit Chloroform und raubt es aus. »Wenn Sie, Herr Vorsitzender«, wird er später vor Gericht sagen, »mal so ein Buch lesen, werden Sie selber sehen, dass darin jeder immer gleich bewusstlos wird!« Er hat noch ein Fläschchen Chloroform im Haus, das er von seinem Münchner Kumpel Breitkreuz bekommen hatte, um für seinen Schwager einen unerwünschten jungen Hund zu töten. Dazu kam es damals allerdings nicht. Seither bewahrt K. das Apothekergläschen im Nachtschrank auf. Sein Plan steht nun fest: Er will Elly Sauter mit Chloroform betäuben, den Schmuck rauben und veräußern, um seine Schulden zurückzuzahlen und ein geregeltes Leben zu beginnen. Wieder einmal kommt es jedoch ganz anders.

DER RAUBÜBERFALL Am Mittwoch, 15. September 1948, verlässt K. wie üblich seine Wohnung gegen 10 Uhr. Er ist bekleidet mit einem dunkelgrauen Anzug, Seidenhemd, schwarzen Halbschuhen und einer Aktentasche, in der sich das Chloroform-Fläschchen befindet. Sein Weg führt ihn zunächst zum Juwelier Lang, von dem er sich für einen Tag 200 Mark leiht, mit der Bemerkung, billig Gold aufkaufen zu wollen. Mit dem Geld des Juweliers will K. nochmals sein Glück beim Wetten versuchen, um Elly Sauter vielleicht doch nicht berauben zu müssen. Als Pfand hinterlässt er seine Steuer- und Meldekarte. Im Wettbüro verspielt K. das ganz Geld. Er macht sich auf den Weg in die Schwabstraße und trifft dabei noch ein paar Gläubiger, die ihr Geld anmahnen.

Wie unter Zwang läuft K. zur Wohnung von Elly Sauter. Sein Entschluss steht fest, er muss sein Opfer berauben, um die dringendsten Schulden bezahlen zu können. Es ist 18 Uhr, als er an der Wohnungstür läutet. Auf sein Läuten öffnet niemand. K. geht zur Straßenbahnhaltestelle der Linie 9. Er sieht, wie Sauter aus der Straßenbahn aussteigt und zu ihrer Wohnung geht. Er folgt ihr und klingelt wieder an ihrer Wohnungstür. Sauter öffnet und entschuldigt sich wegen der Verspätung. Es ist jetzt kurz vor 19 Uhr. Im Wohnzimmer verkauft sie ihm drei Paar Nylonstrümpfe und verlangt dafür pro Paar 28 Mark. Er fasst in seine Aktentasche und bemerkt, dass er nur 70 Mark dabei hat. Er gibt Sauter das gesamte Geld einschließlich seiner Münzen.

»Es reicht nicht«, sagt die Sauter. Nun geht alles blitzschnell. K. packt die Schwarzhändlerin mit beiden Händen am Hals, hebt sie hoch und stößt sie mit dem Kopf gegen die Wand, bevor sie auf der Chaiselongue mit einem röchelnden Schrei zum Liegen kommt. Elly Sauter wehrt sich verzweifelt. Sie zerkratzt das Gesicht ihres Angreifers und reißt ihm den Hemdkragen ab. Er bemerkt, dass er im Gesicht heftig blutet, und wirft die Frau wieder zu Boden. Langsam erlahmen ihre Kräfte. Jetzt setzt K. sich rücklings auf sein Opfer und versucht, die verzweifelte Witwe am Boden zu fixieren. »Mein Freund kommt gleich, der wird dich kriegen«, stößt Elly Sauter röchelnd hervor. Ihr Peiniger tröpfelt nun das Chloroform auf ein Taschentuch und drückt es seinem

Opfer ins Gesicht. Er dreht Sauter auf den Rücken und nimmt der wehrlosen Frau die goldene Armbanduhr und ein goldenes Armband vom linken Arm. Er hebt das auf dem Boden verstreute Geld auf, begibt sich ins Badezimmer und säubert dort sein verkratztes Gesicht. Im Schlafzimmer holt er die Schmuckkassette und einen Fotoapparat, schaut noch einmal nach seinem Opfer und bemerkt, dass Schaum aus Sauters Mund tritt und sie stoßweise atmet. Er nimmt nun ein Sofakissen, beträufelt es mit dem restlichen Chloroform, legt ihr das Kissen auf das Gesicht und verlässt mit dem Raubgut die Wohnung. Hubert K. ist der festen Überzeugung, dass sein Opfer noch lebt und in Bälde wieder erwachen wird.

FLUCHT UND FESTNAHME Hoch erregt vom Geschehen, blutend im Gesicht, läuft er zunächst ziellos Richtung Innenstadt, steigt am Marienplatz in die Linie 1 und fährt nach Hause. Seiner erschreckten Frau erklärt er, dass er sich an einem herabhängenden Draht verletzt habe. Hierbei sei auch der Hemdkragen abgerissen. K. reinigt sich, zieht sich um und sucht ein paar Gläubiger auf, um Schulden zu bezahlen. Danach fährt er mit der letzten Straßenbahn in die Wohnung zurück.

Am nächsten Morgen, es ist Donnerstag, 16. September, fährt er nach Garmisch, um den Fotoapparat bei einem bekannten Fotografen zu verkaufen. Er bezahlt in Stuttgart seine restlichen Schulden, versetzt Teile des geraubten Schmucks und fährt gegen 14 Uhr mit dem Alpen-Nordsee-Express nach München. Zunächst sucht er dort seine alten Bekannten auf. Nacheinander verramscht er den Schmuck, treibt sich auf den Rennbahnen in Daglfing und Riem herum und verzockt sein Geld. Er verkauft für über 1 000 Mark in Garmisch die Kamera und lernt auf dem Oktoberfest die 30-jährige Verena Berger kennen, mit der er ein Verhältnis beginnt. Zwischendurch schickt er seiner Frau in Stuttgart Lebensmittelpakete und Bargeld. Ziellos lässt K. sich treiben. Halt gibt ihm seine neue Freundin, der er gesteht, verheiratet zu sein und in Stuttgart wegen Raubes gesucht zu werden. Seine Tage verbringt er auf der Rennbahn, nachts hält er sich bei Verena Berger auf und träumt von einem bürgerlichen Leben.

Mitte Dezember sucht er seinen alten Kumpel Bullinger in München auf, von dem er erfährt, dass er hier wegen Raubmordes gesucht wird. Die Fahndung der Stuttgarter Polizei hat nun auch die bayerische Landeshauptstadt erreicht. Münchner Kriminalbeamte kreuzen mehrmals bei Gertraute Kröger auf, seiner alten Anlaufstelle. Ebenso wird die Fahndung auf Bullinger ausgedehnt. Der Medizin-Student ist noch vor Weihnachten nach Dortmund umgezogen und lebt dort mit seiner Freundin zusammen. Am 11. Januar 1949 flüchtet K. mit Verena Berger nach Leverkusen, wo die beiden zwei Tage lang bei seiner Schwester Unterschlupf finden. Sie fahren weiter nach Dortmund in der Hoffnung, bei dem Vater von Bullinger eine Anstellung zu finden. K. schickt seine Freundin am 22. Januar in die Wohnung von Bullinger. Die 30-Jährige trifft dort nur dessen Freundin an, doch sie vereinbart mit dieser eine Zusammenkunft zwischen Bullinger, ihr und K. für den kommenden Tag. Diese Information gibt Bullinger an die Polizei weiter. Am 23. Januar 1949 um 13 Uhr werden die beiden in Bullingers Wohnung festgenommen.

DER PROZESS Bereits drei Tage nach seiner Festnahme legt Hubert K. ein umfassendes Geständnis ab und bringt die Polizei nebenbei auf die Spur einer stattlichen Anzahl von Hehlern und Dieben in München und Stuttgart. Farnbacher zeichnet in einer 35-seitigen Vernehmung das Leben des Angeklagten nach. Das hilflose Umherirren zwischen einem bürgerlichen Leben und den permanenten Entgleisungen und Abstürzen in die Welt des Rausches, des Spielens sowie der hemmungslosen Affären begleitetet K. von seiner Kindheit bis zur Festnahme. Nach dem Ende des Krieges zufällig in Stuttgart gelandet, versucht er einen Neustart. Zunächst geht er einer geregelten Arbeit nach, wird aber dann arbeitslos, wodurch sich die Abwärtsspirale von Neuem in Gang setzt: Schwarzhandel, Frauengeschichten, Wettleidenschaft, Verluste, erdrückende Schulden. Mit einem in letzter Verzweiflung panisch und dilettantisch ausgeführten Raub fällt dann der Vorhang zum letzten Akt im kriminellen Leben des Hubert K.

Eine atemlose Stille herrscht im Saal des Landgerichts Stuttgart, als K. am 16. Oktober 1949 minutiös das Tatgeschehen schildert. Da nach Aussage des Gerichtsmediziners sehr wahrscheinlich das vom Anschlagen an der Wand herrührende Hämatom an Elly Sauters Hinterkopf todesursächlich war, jedoch auch die Chloroform-Gabe als Todesursache nicht ausgeschlossen werden kann, hakt der Verteidiger nach, um seinen Mandanten Hubert K. ein Stück weit zu entlasten, und attackiert Alfons Kämmerer, den einstigen Freund der Toten. Zum einen sei es merkwürdig, dass er nicht sofort die Polizei gerufen habe, und zum anderen fehle noch Sauters Geldtasche, die Hubert K. nicht entwendete. Ebenso kommt bei der Gerichtsverhandlung das Verhalten von Kämmerer während seiner polizeilichen Nachvernehmung drei Tage nach der Tat zur Sprache. Kämmerer drängte damals den Vernehmungsbeamten, sich etwas zu beeilen, schließlich müsse er noch in das Stadion zu einem Fußballspiel des VFB Stuttgart. Alle Anwesenden im Gerichtssaal sind beeindruckt. Nimmt der Fall eine überraschende Wendung? K. beendet die Spekulationen, widerspricht seinem Anwalt und sagt, er glaube den Angaben von Kämmerer. Das Gericht glaubt Hubert K., dass er keine Tötungsabsicht hatte. Sein Auftritt ist glaubwürdig bis zum Letzten. Es bestätigt, dass man bei fast keinem Angeklagten ein solches Maß an Glaubwürdigkeit gesehen habe.

K. ist für seine Tat voll verantwortlich, er ist nicht geisteskrank, obwohl er im Krieg verschüttet war. Empört weist er von sich, im Augenblick der Tat verwirrt gewesen zu sein. Nein, er habe auch nicht aus einer Notlage heraus gehandelt, allein seine Wettwut hätte ihn zu der Tat getrieben. Auch über das anzügliche Verhalten der Elly Sauter macht er keine Angaben. Er wolle die Tote nicht kränken, und das hätte mit seiner Tat auch nichts zu tun. Über seine letzte Freundin lässt er ebenfalls nichts kommen: »Die Frau, die ich zuletzt in München hatte, war eine anständige Frau, und ich habe sie infolge meiner Wettleidenschaft geschädigt und belogen.« Hubert K.s inzwischen von ihm geschiedene Ehefrau, von sympathischer Ausstrahlung und stiller Eleganz, tritt voll für ihren Ex-Mann ein und verliert kein böses Wort. Es entsteht der Eindruck, dass alle seine Frauen tief anständige und treue Menschen sind, und doch wussten sie, dass er ein Dieb, ein Spieler, ein Schwarzhändler und nun sogar ein Räuber, ein besonders schwerer Räuber ist.

Kein böses Wort, so zeigt sich, ist ihm über seine Frauen über die Lippen gekommen, als er mit diesen zusammen war und sein Leben in geordneten Bahnen verlief – ein vollendeter Kavalier. Böse, haltlos, unberechenbar und kriminell war er nur dann, wenn der Beziehung das schützende Gerüst fehlte.

Das war wohl der Charakter des Hubert K.: eine zerrissene und gespaltene Persönlichkeit.

DAS URTEIL Das Stuttgarter Schwurgericht verurteilt Hubert K. am 14. Oktober 1949 wegen schweren Raubes zu zwölf Jahren Zuchthaus und fünf Jahren Ehrverlust.

In der mündlichen Urteilsbegründung lässt das Gericht ein solches Maß an Nachsicht und Verständnis walten, das für diese Jahre erstaunlich ist.

Sein Kavalier-Habitus, seine Geständnisfreudigkeit, sein tadelloses Verhalten im Untersuchungsgefängnis – all das wird besonders erwähnt und besonders gelobt.

Man könnte fast Mitleid mit diesem Angeklagten bekommen. Aber er bleibt ein Räuber, und er hat getötet, wenn auch nicht mit Vorsatz. Seine Wettsucht kostete einem unschuldigen Menschen das Leben.

MORD AN EINEM POLIZEIBEAMTEN: DER FALL BORIS J.

Es beginnt mit einem Routineeinsatz in der Stuttgarter Altstadt: Am 27. Februar 1949 um 1.20 Uhr werden Polizeimeister Seemüller und Obermeister Ruffner zu einer Schlägerei in einem jüdischen Clublokal gerufen. Als sie den betrunkenen Täter festnehmen wollen, reißt dieser im Handgemenge Ruffners Revolver aus der Pistolentasche und feuert von hinten auf die beiden Polizisten. Während eine Bedienung einen Steckschuss in den Ellenbogen erleidet, wird Ruffner mit drei Einschüssen durchsiebt. Er überlebt schwer verletzt. Seemüller hingegen bezahlt diesen Einsatz mit seinem Leben: Er stirbt eine Stunde später an den Folgen eines Lungendurchschusses im Furtbachkrankenhaus. Der Täter wird zwar unmittelbar nach der Tat festgenommen, beschäftigt die Stuttgarter Polizei und Justiz aber noch bis in das Jahr 2006.

NACH DER TAT Um 1.55 Uhr klingelt bei der Kriminalwache in der Christophstraße 11 das Telefon. Es ist Sonntag, 27. Februar 1949. Als Kriminalassistent Schelling zum Hörer greift, meldet sich Polizeioberwachtmeister Schulze vom 5. Polizeirevier. Der Kollege berichtet, dass in der Jüdischen Clubbar, Hauptstätter Straße 86 A, ein unbekannter Täter zwei Polizeibeamte angeschossen und schwer verletzt habe. Schelling ordnet sofort alles Notwendige an. Um 2.20 Uhr reißt er mit seinem Anruf den Leiter der Stuttgarter Mordkommission, Kriminal-Inspektor Frey, aus dem Tiefschlaf und informiert ihn über die Schießerei. Der 29-jährige Vollblutkriminalist Frey ist sofort hellwach, macht sich ein paar Notizen, startet nur wenige Zeit später seinen alten Dienst-Mercedes und trifft um 2.55 Uhr am Tatort ein.

EINE POLIZEIKARRIERE DER NACHKRIEGSZEIT: KRIMINAL-INSPEKTOR FREY Frey legte in den nicht einmal vier Jahren, in denen er bei der Stuttgarter Kripo arbeitet, einen rasanten beruflichen Aufstieg hin: 1920 ist er im Stuttgarter Westen geboren und aufgewachsen. Nach dem Abitur im Jahr 1938 am Stuttgarter Dillmann-Gymnasium folgt der Arbeitsdienst. Frey will zunächst Medizin studieren, doch der Krieg macht seine Pläne zunichte. Stattdessen Eintritt in das Traditionsregiment Königin Olga in Stuttgart und anschließend sechs Jahre Soldat bis zum Zusammenbruch der Hitler-Diktatur. Während des Krieges verbringt Frey einen Studienurlaub in Tübingen und absolviert dort ein Semester Jura. Die etwas trockenen Vorlesungen von Professor Rudolf über »Vertrag und Unrecht« steigern nicht unbedingt sein juristisches Interesse. Lieber hält er sich in philosophischen Seminaren auf, nicht zuletzt weil es in diesem Fachbereich neben den vielen männlichen Kommilitonen auch zur Abwechslung ein paar Studentinnen gibt.

Dann kehrt Frey wieder zurück an die Front. Nach dem Ende des Krieges wird Leutnant Frey im bayerischen Gefangenenlager Burghausen von den Amerikanern mit amtlichen Papieren ausgestattet. Im Sommer 1945 kommt er bei seinen evakuierten Eltern in Welzheim an.

Sein Vater macht ihn auf eine Annonce in der Stuttgarter Zeitung aufmerksam, in der die Stuttgarter Polizei dringend Anwärter für die Polizei sucht. Frey bewirbt sich und fährt mit dem Fahrrad von Welzheim nach Stuttgart zur Aufnahmeprüfung. Fast scheitert sein Vorhaben: Unterwegs hat er einen platten Reifen und kommt eine dreiviertel Stunde zu spät. Er überredet den Aufsicht Führenden, doch noch teilnehmen zu dürfen, schreibt in Windeseile den Aufsatz nach, erledigt die Rechenaufgaben und besteht die Prüfung. Nun will das Polizeipräsidium Frey aufgrund seiner fehlerlosen Prüfung in die Verwaltungspolizei einstellen, doch Frey lehnt ab, er will zur Kripo. Am 3. Oktober 1945 stellt sich Frey beim Kripochef Lauer in der Dorotheenstraße 10 vor. Lauer weist ihn an, sich in der Karlstraße 10, 2. Stock, bei dem Dienststellenleiter Kriminalobersekretär Kübler zum Dienstantritt zu melden – das Ziel ist erreicht.

Frey verschlingt nun jede Menge Fachliteratur zum Thema Mordermittlungen. Tagelang wälzt er alte Anzeigenvorgänge, um zu lernen, wie man ein Ermittlungsverfahren aufbaut. Darüber hinaus schaut er den wenigen »Alten«, die noch geblieben und nicht politisch belastet sind, über die Schulter. Diese hingegen beäugen den Jungen misstrauisch, der wissbegierig und regelrecht hungrig nach neuen Fällen ist. Frey hat Feuer gefangen, er spürt, dass er seine Profession gefunden hat. Sein blitzschnelles Denken und augenblickliches Reagieren in extremen Situationen, seine Kombinationsgabe, sein Vernehmungsgeschick und letztendlich seine Fähigkeit, Fälle aktenmäßig für die Staatsanwaltschaft optimal aufzubereiten, lassen seine Chefs aufhorchen. Es zeigt sich sehr bald, dass Frey eine starke Führungspersönlichkeit ist, die Verantwortung übernimmt und in den Nachkriegsjahren die Chance zum schnellen Aufstieg konsequent nutzt. Im Januar 1949 wird dem 28-jährigen Kriminal-Inspektor Frey die Leitung der Dienststelle 1 und damit die Stuttgarter Mordkommission anvertraut.

Tatort J.C.-Club

Amüsierbereich im Untergeschoss der J.C.-Bar

AM TATORT Als Frey am 27. Februar 1949 am Tatort eintrifft, herrscht vor der Jüdischen Clubbar ein hektisches Durcheinander. Die alarmierten Polizeieinheiten, zu denen das Überfallkommando, das Streifenkommando sowie das Kommando der Ausbildungs- und Einsatzbereitschaft gehören, fahnden nach dem flüchtenden Täter.

Der Tathergang stellt sich bislang folgendermaßen dar: Ungefähr eine Stunde zuvor, gegen 1.30 Uhr, haben Polizeiobermeister Ruffner und sein Kollege, Polizeimeister Seemüller, ihren Streifengang begonnen. Die Beamten sind beim 5. Polizeirevier in der Furtbachstraße. Die J.C.-Bar zählt zu ihrem Zuständigkeitsbereich und ist nur ein paar hundert Meter entfernt. Wenige Minuten nach dem Beginn ihrer Streife geht Seemüller zurück auf die Wache und holt eine Handschließe und eine Polizeigerte. Im Jüdischen Club in der Hauptstätter Straße 86 A, der inzwischen allen zugänglich ist, sei eine wüste Schlägerei im Gange.

Vor der Bar gibt der Geschäftsführer an, dass ein Bernhard J., genannt Boris, sich mit verschiedenen Gästen geprügelt und in seiner Wut auch ihn geohrfeigt habe. Boris J. sei ein bekannter Besucher des Etablissements und bislang noch nie durch Schlägereien oder Stänkereien aufgefallen. Im Gegenteil, er wird als höflich und zuvorkommend beschrieben. Einige der umstehenden Gäste, Unterhaltungsdamen und Kellner, bestätigen die Aussage des Geschäftsführers.

Die beiden Polizeibeamten gehen die Treppe zu der J.C.-Bar hinunter. Im Vorraum an der Garderobe kommt ihnen plötzlich Boris J., blutverschmiert im Gesicht, entgegen. Auf der Treppe läuft er an den Beamten vorbei, zum Ausgang hinauf, er möchte unbemerkt das Lokal verlassen. Als Polizeiobermeister Ruffner sich umdreht und Boris J. am Mantel zu fassen versucht, schlägt dieser sofort zu. Seemüller, vom Schlag getroffen, kommt ins Taumeln. Boris J. will weiter die Treppe nach oben gehen, wird jedoch von Ruffner eingeholt und in den Schwitzkasten genommen. Ruffner gelingt es,

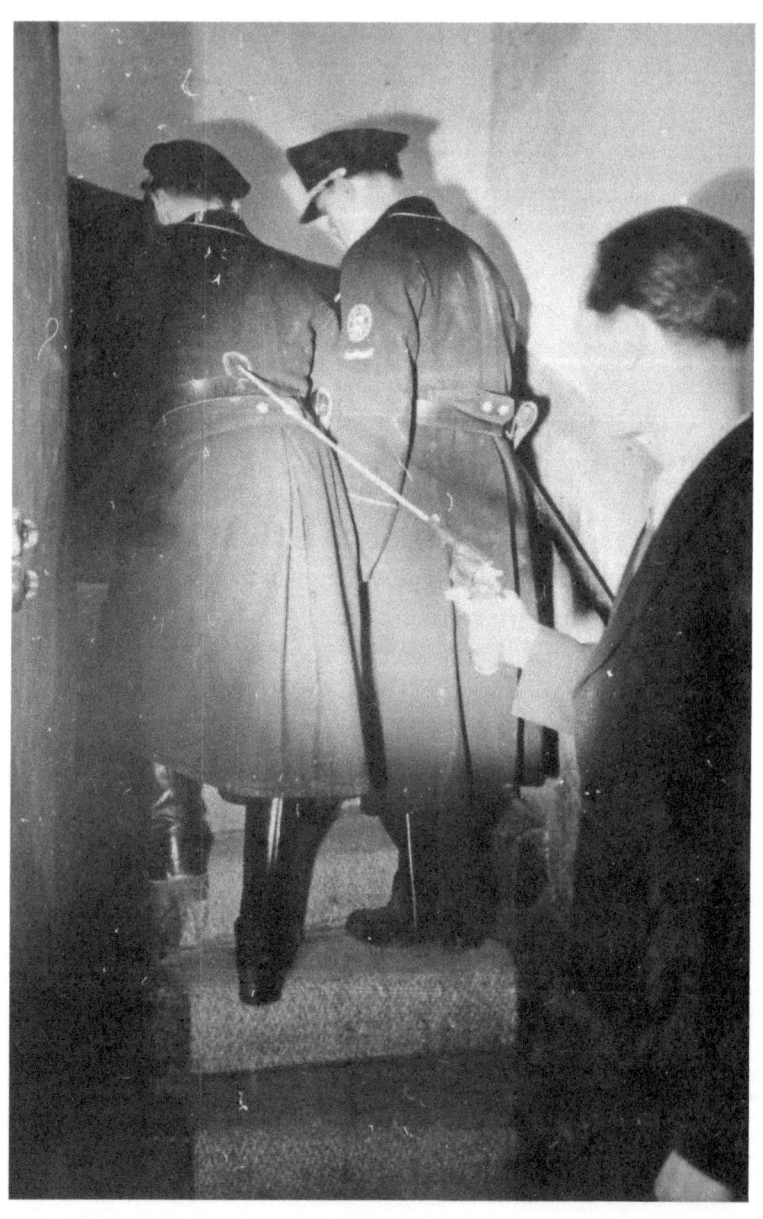

Schusskanäle-Rekonstruktion des von mehreren Geschossen getroffenen Polizeiobermeisters (POM) Ruffner

Schusskanäle des von mehreren Geschossen getroffenen POM Ruffner

Boris J. die Treppe hinunter in den Vorraum der Bar zu ziehen und auf den Fußboden zu zwingen. Der Polizeibeamte kniet nun über Boris J. Die teilweise angeheiterten, um ihn herumstehenden Besucher versuchen von hinten, Ruffner zurückzureißen, wodurch sich Boris J. befreien kann. Ruffner gelingt es endlich, sich aus der Menschenmenge zu lösen, aufzustehen und zur Garderobe zu gelangen. Gewohnheitsmäßig greift er zu seiner Pistolentasche und stellt fest, dass sein Revolver fehlt. Ruffner erblickt nun erstmals wieder seinen Kollegen Seemüller, der links neben ihm steht. Zusammen suchen sie im Vorraum in Richtung Treppe nach der Pistole. Beide Beamten stehen mit dem Rücken zur Garderobe. Rechts neben Ruffner steht die 22-jährige Gaststättengehilfin Hannelore Steig. Plötzlich fallen in schneller Folge Schüsse. Seemüller und Ruffner spüren die Einschüsse in ihren Körpern und schleppen sich die Treppe hinauf zum Ausgang. Auch Steig schreit auf und sieht Blut an ihrem rechten Ellenbogen. Vor dem Lokal bricht Seemüller zusammen. Der Polizeimeister reicht Ruffner seine Schusswaffe, damit dieser die Verfolgung aufnehmen kann. Seemüller rappelt sich auf und torkelt mit letzter Kraft zu seinem Revier. Ruffner sieht noch, wie Boris J. an ihm vorbei in Richtung Paulinenstraße wegrennt. Er schießt mit Seemüllers Waffe nach dem Flüchtenden, ohne ihn jedoch zu treffen. Der angeschossene Ruffner schleppt sich danach ebenfalls zum Revier.

DIE OPFER Oberwachtmeister Schulze ist Wachhabender beim 5. Polizeirevier in der Furtbachstraße. Ungefähr zehn Minuten nachdem Seemüller seine Handschließe von der Dienststelle abgeholt hat, hört er von der Straße her lang andauernde Hilferufe. Mit zwei weiteren Kollegen läuft er zur Eingangstüre, wo ihnen der schwankende Seemüller entgegentorkelt und im Flur zusammenbricht. Sein Gesicht ist blutüberströmt und aus seinem Mund läuft Blut auf den Fußboden. Gemeinsam tragen sie Seemüller in den Wachraum und legen ihn auf den Boden. »Meine Frau und mein Kind«, bringt Seemüller noch röchelnd heraus, dann wird er ohnmächtig. Inzwischen ist auch der verletzte Ruffner im Revier angekommen. Er kann den Kollegen gerade noch berichten, dass sie in der Bar angeschossen wurden, bevor er ohnmächtig zu Boden fällt. Auf zwei herbeigeschafften Tragen werden die Beamten zu Fuß in das nahe gelegene Furtbachkrankenhaus gebracht. Beim Transport ins Krankenhaus stößt Ruffner hervor: »Ich erkenne den Juden, wenn ich ihn wieder sehe.« Auf die Frage des Polizeiwachtmeisters Kühn, wie der Täter denn aussehe, antwortet der Verletzte: »Es ist ein großer, kräftiger Mann mit dunklem Haar und einem hellen Anzug.«

Seemüller, noch ansprechbar, ringt um sein Leben. Schwer atmend ist er im Stande zu erkennen, dass ihm keine Chance mehr bleibt. Das Geschoss zerfetzte seine linke Lunge. Um 2.20 Uhr versagt sein Kreislauf und Seemüller stirbt. Ruffner hat Glück. Ein Schuss zerschlug den linken Arm oberhalb des Ellenbogens, die zweite Patrone zerfetzte den rechten Oberarm und verließ den Körper wieder unterhalb des Schultergelenks. Der dritte Schuss traf die linke Schulter, etwa 6 Zentimeter unterhalb des Schlüsselbeins, und blieb dort stecken. Trotz der schweren Schussverletzungen wird ihm der inzwischen gefasste Boris J. im Furtbachkrankenhaus gegenübergestellt. Ruffner identifiziert ihn zweifelsfrei.

Die junge Bedienung Hannelore Steig, ebenfalls von Boris J. angeschossen, ist in ihrer Panik zunächst vor das Lokal gerannt. Während sie dort aufgeregt hin und her läuft, bemerkt die 22-Jährige, dass von ihrem rechten Arm Blut auf den Boden tropft. Sie eilt in das nur wenige Meter entfernt liegende Furtbachkrankenhaus, um sich behandeln zu lassen. Als sie im Operationssaal den Polizisten in seinem Blut liegen sieht, macht sie kehrt und geht nach Hause in das Lager für Displaced Persons in die Obere Reinsburgstraße, wo sie sich ihren Arm verbinden lässt. Als die Schmerzen immer stärker werden, sucht sie gegen Mittag eine Ärztin in die Reinsburgstraße auf, die der Verletzten etwa 5 Zentimeter über dem Ellenbogengelenk und 2 Zentimeter unterhalb der Haut das Geschoss entfernt.

GEFASST Nachdem Kühn die angeschossenen Polizisten in das Krankenhaus transportiert hat, geht der Polizeiwachtmeister zurück zum Polizeirevier. Er holt seinen Diensthund, mit dem er sich zum Tatort begibt. Vor dem Lokal sieht er eine größere Blutlache und eine Blutstropfenspur, die in Richtung Paulinenstraße verläuft. Kühn geht wieder zurück zum Revier, holt Verstärkung und eine Traglampe und verfolgt die Blutspur bis an die Paulinenstraße. Nach ungefähr 40 Metern sieht der Polizeibeamte in Richtung Tübinger Straße etwa 60 Meter entfernt auf seiner Straßenseite eine hell bekleidete Person stehen. Im nächsten Augenblick nimmt er zwei Pärchen wahr, die ihm auf der Straße entgegenlaufen. Als die vier noch ungefähr 20 Meter entfernt gehen, sieht Kühn, wie die hell bekleidete Person den Fußgängerweg verlässt und sich hinter der Viererbegruppe einreiht. Auf gleicher Höhe erkennt Kühn schließlich, aufgrund der Personenbeschreibung von Ruffner, dass der Mörder von Seemüller vor ihm steht. Kühn zieht seinen Revolver und schreit: »Hände hoch!« Gleichzeitig lässt er seinen Diensthund an der langen Leine auf den Mann zulaufen, der ihn mit lautem Bellen stellt. Widerstandslos und mit hocherhobenen Händen lässt sich der Mann festnehmen und abführen. Unmittelbar nach dem Eintreffen an der JC-Bar untersuchen ihn die Beamten. Der Revolver wird nicht gefunden. Nochmals wird akribisch der Festnahmeort abgesucht, und in einem nahe gelegenen Gebüsch wird die Tatwaffe, der blutverschmierte Dienstrevolver, nun sichergestellt. In der Trommel befinden sich sechs beschossene Patronen. Die Waffe ist also leergefeuert worden.

Die Kriminalbeamten bringen den angeblichen Tatverdächtigen, Bernhard J., mit einem Streifenwagen der Militärpolizei in das Furtbachkrankenhaus zur ärztlichen Versorgung. Da Boris J. eine deutsche Kennkarte besitzt, geht Kriminal-Inspektor Frey zunächst von der Zuständigkeit der deutschen Polizei aus und ordnet eine Blutprobe an. Die Kollegen bringen Boris J. unverzüglich zum Marienhospital, wo die Ärzte ihm eine Blutprobe entnehmen. Nachdem Frey die ersten Maßnahmen am Tatort wie Absperrungen, Vernehmungen und Tatbefundsaufnahme koordiniert hat, fährt er zusammen mit Boris J. zum Marienhospital, wo um 3.35 Uhr die Blutentnahme durchgeführt wird. Die Aussagen des Boris J. vor und nach der Blutentnahme notiert sich Frey:

»Mein Leben ist nicht schade, ob ich 20 Jahre kriege, ist mir egal, ich habe schon mehrere erschossen, nicht nur heute. Es ist möglich, dass ich seit 22 Uhr betrunken bin, da ich Cognac, Likör und Eiercognac getrunken habe. Ich habe mich nicht erbrechen müssen. Ich erinnere mich nicht daran, dass ich Streit mit dem Geschäftsführer hatte. Ich weiß nicht mehr sicher, wann ich geschossen habe. Herr Polizist [die Frage war an Pol. Wachtmeister Praus gerichtet], wie oft habe ich geschossen, 1-mal oder 6-mal? Es wäre das Beste, man würde mich erschießen. Erschießt mich doch. Ich fürchte mich nicht vor dem Tod.«

Rekonstruktion der Festnahme in der Paulinenstraße

Tatwaffe: Dienstrevolver von POM Ruffner

Das Überfallkommando liefert Boris J. um 5 Uhr in die Polizeihaftanstalt in der Weimarstraße ein. Bei der Abnahme seiner Effekten äußert er sich gegenüber dem dortigen Polizeibeamten Wichtle: »Der Polizist, das war ein Dummkopf, sonst hätte er mir die Pistole nicht gelassen.«

Noch am selben Tag wird Boris J. von Kriminal-Inspektor Frey erstmals vernommen. Ausführlich erzählt dieser ihm seine Lebensgeschichte.

DAS LEBEN DES TÄTERS BERNHARD (BORIS) J. Bernhard J., genannt Boris, wird 1925 als Kind einer jüdischen Familie in Liegnitz, Ostpreußen, geboren, wo er bis 1932 aufwächst. Die Eltern ziehen mit den Kindern in das polnische Dubno, wo Boris J. 1938 auf das polnische Gymnasium kommt. Bei Kriegsausbruch besetzen die Russen Dubno. 1941 marschiert dort die deutsche Wehrmacht ein und vertreibt die russischen Besatzer. Als Jude fliegt der 16-jährige Boris vom Gymnasium und muss mit seinem Vater für die Deutschen im Heeresbenzinlager arbeiten. 1942 wird die ganze Familie in das Ghetto in Dubno einquartiert. Im gleichen Jahr werden seine Schwester und seine Mutter bei einem Massaker erschossen. Boris J. kann mit seinem Vater und 40 weiteren Lagerinsassen fliehen, doch leben sie weiterhin gefährlich. Marodierende ukrainische Bataillone, über das ganze Land verstreut, belästigen und drangsalieren die in den polnischen Wäldern umherirrenden Juden. Boris J. wird angeschossen.

1943 geht Boris freiwillig in das Ghetto nach Lodz. Von dort aus kommt er mit einem Arbeitstransport in das Konzentrationslager Bergen-Belsen, das die alliierten Truppen im April 1945 befreien. Boris J. geht nach München, schlägt sich bei einem jüdischen Taxiunternehmer als Fahrer durch und kommt 1947 nach Stuttgart. In Stuttgart trifft er wieder auf seinen Vater, der von Polen aus über Österreich in die Stadt gelangt ist und Ende 1948 nach Palästina auswandert. Im selben Jahr lernt Boris J. den polnischen Juden Kowalski kennen, der als Vertreter einer Autofirma in Stuttgart arbeitet und dem Boris J. bei dessen Autogeschäften hilft. Gemeinsam beabsichtigen sie, am Charlottenplatz in Stuttgart ein Café oder ein Geschäft für Berufskleidung zu eröffnen.

Zur Mordsache befragt kann Boris J. sich nur an den Tagesablauf bis zum Zeitpunkt der Schießerei erinnern. Was danach geschah, weiß er nichts mehr:

»Ich weiß nichts mehr bis zu dem Zeitpunkt, wo ich merkte, dass mich meine Hand schmerzt, weil ich gefesselt war. Das hat mir sehr wehgetan. Ich habe sehr viele Schutzmänner gesehen. Später erinnere ich mich, dass ich von einem Mann im weißen Kittel behandelt wurde. Wie ich heute Morgen aufwachte, war ich im Gefängnis. Die mir vorgezeigte Pistole kenne ich nicht. Heute Morgen sagte man mir im Gefängnis, dass ich einen Schutzmann erschossen habe. Es ist mir alles wie im Traum dunkel. Nur an einige Momente wie an den Arzt und die Fessel kann ich mich erinnern. Wenn ich etwas gesagt habe von Händel mit den Polizeibeamten und Schießen auf Polizeibeamte, so habe ich dies den Polizisten nachgesprochen. Im Gefängnis war ich dann erst wieder einigermaßen klar und wach. Ich kann mich nicht daran erinnern, dass ich gefragt habe, ob es 4 oder 6 Schüsse waren. Ich habe keine Schüsse gehört.«

Trotz deutscher Kennkarte wird bei der Vernehmung zu seiner Person schnell klar, dass Boris J. vermutlich die polnische Staatsangehörigkeit besitzt. Boris J., als sogenannte Displaced Person (DP) nicht der deutschen Gerichtsbarkeit unterstellt, wird deshalb am 1. März 1949 dem amerikanischen Militärgericht vorgeführt, das Haftbefehl wegen Mordes und Mordversuchs erlässt. Boris J. wird in das amerikanische Untersuchungsgefängnis in Kornwestheim eingeliefert.

DIE FLUCHT Von Seiten der amerikanischen Behörden werden gegen die Weiterführung der Ermittlungen durch die Stuttgarter Mordkommission keine Einwände erhoben. Frey vernimmt Boris

J. bis 10. März mehrfach. Boris J. gibt zwar an, mehrmals geschossen zu haben, kann sich aber beim besten Willen, wie er sagt, an nichts ab dem Moment erinnern, als die Schüsse fielen.

Zwischenzeitlich freundet sich Boris J. im Militärgefängnis mit dem 26-jährigen Ungarn Balasz Somodi an, der wegen Münzverbrechen verurteilt ist. Den beiden gelingt in der Nacht vom 28. auf den 29. März 1949 die Flucht aus dem amerikanischen Militärgefängnis: Sie durchsägen eine Eisenstrebe des gesicherten Fensters und biegen das Metallteil so nach oben, dass sie durch die etwa 35 Zentimeter große Öffnung an die Rückwand des Gebäudes gelangen und fliehen können.

APRIL 1949: FESTNAHME VON »MARIA« IN PARIS In einem Lokal in der Rue de la Présentation in Paris spricht Boris J. am Samstag, 9. April, eine Bedienung an, ob sie ihm ein Zimmer vermitteln könne. Er sei erst seit drei Tagen in Paris und komme aus Deutschland. Die junge Französin nimmt Boris J. mit in ihre Wohnung und überlässt ihm ein kleines Zimmer.

Bereits am 1. April 1949 wird die Polizeipräfektur in Paris durch ein Telegramm der französischen Verbindungsstelle in Stuttgart über den Ausbruch und die Flucht von Boris J., genannt »Maria«, informiert. Dank der Personenbeschreibung und der Fahndungsfotos entdecken die Inspektoren der Polizeipräfektur Boris J. an der Kreuzung der Rue de la Présentation und der Louis Bonnet im 11. Bezirk und nehmen ihn um 18 Uhr fest. Bei seiner Festnahme weist er sich mit Papieren, ausgestellt auf Czesław Kotecki, einen polnischen Juden, aus. In seiner Vernehmung gibt er an, dass er die gefälschten Papiere, die ihm seinen Aufenthalt in Frankreich erleichtern sollten, von einem Vertreter einer israelitischen Organisation erhalten hätte.

Der Staatsanwalt des Départements Seine de Paris beantragt gegen Boris J. Haftbefehl wegen Mordes und Verstoßes gegen die Ausländergesetzgebung, der am 15. April erlassen wird. Bo-

Fluchtpunkt Fenster – die durchsägte und nach oben gebogene Eisenstrebe

Die Gefängnisrückseite mit aufgebogenem Fluchtfenster in sieben Meter Höhe

ris J. bekommt einen Pflichtverteidiger zugeteilt. Die französische Polizei nimmt über die internationale Kommission der Kriminalpolizei Kontakt mit der amerikanischen Botschaft auf, um eine spätere Auslieferung Boris J.s an die amerikanischen Behörden abzuklären.

Am 6. Mai beauftragt der Untersuchungsrichter den medizinischen Sachverständigen beim Gericht des Département de la Seine, Dr. Marchand, »den augenblicklichen Gesundheitszustand von Boris J. zu untersuchen und die Haftfähigkeit zu überprüfen«. Dr. Marchand attestiert die Kriegsverletzungen von Boris J., die angeblich schwere Nachwirkungen hinterlassen haben und zu schmerzhaften Reaktionen führen, die ihm die Haft schwer machen. Boris J. zeigt Anzeichen von rheumatischer Arthritis, die keine Inhaftierung verträgt.

Nun erfolgt am 21. Mai die Vorladung und Vernehmung vor dem Untersuchungsrichter im Beisein des Rechtsanwalts. Der Beschuldigte führt aus, dass er polnischer Staatsangehöriger sei, schlecht Deutsch spreche und die französische Sprache nicht beherrsche. Er berichtet von der Verschleppung seiner Familie 1942 im polnischen Dubno, von der brutalen Ermordung seiner 15-jährigen Schwester durch einen SS-Mann und der Hinrichtung seiner Mutter am gleichen Tag. Die Nazis hätten 3 000 Bewohner massakriert und getötet und ungefähr 2 000 Männer in ein Arbeitslager verschleppt, darunter ihn und seinen Vater. Im September 1942 seien wieder 2 000 seiner Kameraden umgebracht worden. Lediglich ihm, seinem Vater und weiteren 40 Männern sei die Flucht in die nahe gelegenen Wälder gelungen. Bis März 1944 habe er mit polnischen Partisanen gegen die Deutschen gekämpft und sei dabei zweimal verwundet worden: Eine Handgranate verletzte ihn an der Hand, ein Dumdum-Geschoss zerfetzte seine linke Wade im Februar 1944. Boris J. schildert weiter, dass er nach der deutschen Kapitulation zunächst mit seinem Vater in Polen geblieben sei, bis die beiden 1946 beschlossen hätten, gemeinsam nach Palästina auszuwandern. In Stuttgart mussten sie auf ihr Visum warten. Sein Vater habe dieses 1948 erhalten und sei mittlerweile dort.

Zu den Vorgängen in der Bar befragt gibt er an, er habe zusammen mit anderen Glaubensgenossen im Jüdischen Club den Abend verbracht. Kurz vor Mitternacht habe er ein junges Mädchen, eine Halbjüdin, zum Bahnhof begleitet und sei anschließend in den Club zurückgekehrt. Bei seiner Rückkehr habe er zwei Nichtjuden gesehen, die ohne Erlaubnis in die Bar gekommen seien und mit seinen Glaubensgenossen Streit gesucht hätten. Aus Zeitungsberichten habe er gewusst, dass einer der Deutschen Boxer sei. Der Kampfsportler habe ihm unvermittelt einen Schlag auf die Nase versetzt und zum Bluten gebracht. Ungefähr zehn Minuten später, so Boris J., er habe gerade gehen wollen, seien zwei deutsche Polizisten die Treppe heruntergekommen, von denen einer sich auf ihn gestürzt habe. Der Größere habe ihn in den Schwitzkasten genommen und ihm die Kehle zugeschnürt, während der andere ihm in brutaler Weise mehrmals in den Unterleib getreten habe. Da habe er in seiner Not die Pistole des ihn attackierenden Polizisten ergriffen, um seine Gegner zu bedrohen und zu zwingen, ihn loszulassen. Beim anschließenden Kampf habe sich die Pistole ohne seine Absicht entladen. Die Polizisten hätten ihn daraufhin losgelassen, sodass er fliehen konnte.

Eine Verletzung der Beamten habe er, Boris J., nicht bemerkt. Er sei dann bis zum Eintreffen der Polizei in der Nähe der Bar geblieben und habe sich widerstandslos festnehmen lassen. Dann, behauptet Boris J., sei er mit größter Brutalität von deutschen Polizisten verprügelt und in eine Polizeizelle gesperrt worden. Einige Tage später hätten ihn amerikanische Polizisten vernommen. Diese seien erstaunt gewesen, dass er sich von der deutschen Polizei habe festnehmen lassen und nicht geflüchtet sei. Durch ein Gefängnisfenster hätten die amerikanischen Polizisten ihm schließlich die Flucht ermöglicht, woraufhin er sich in das israelitische Lager im Stuttgarter Westen begeben konnte.

Zwei Tage später habe ihn ein Rumäne illegal nach Frankreich gebracht und ihm in Paris die gefälschten Papiere auf den Namen Kotecki verschafft. Sein Ziel sei gewesen, durch Vermittlung der jüdischen Flüchtlingshilfe Le Joint Comité nach Palästina zu gelangen. Boris J. bestreitet auf Nachfrage jede Tötungsabsicht. Die Pistole habe er nur in Todesangst ergreifen wollen. Als er gesehen habe, wie der zweite Polizist ihm die Waffe entreißen wollte, habe ihn Todesangst erfasst. Den Schuss habe er nicht gehört, da er durch den Faustschlag und das Würgen durch den Polizisten schon fast bewusstlos gewesen sei. Nach seiner Darstellung ist die ganze Geschichte eine reine Provokation vonseiten der Deutschen. Diese antijüdische Haltung, klagt Boris J. an, geschehe unter den wohlwollenden Augen der Polizei. Boris J. sagt überdies aus, dass die beiden Deutschen ihn in der Bar unter den Augen der deutschen Polizei als »dreckiger Jude, du gehörst nach Auschwitz«, beschimpft hätten. Die Deutschen, so Boris J., versuchten um jeden Preis, seine Auslieferung zu erlangen, aber er vertraue der französischen Polizei, dass sie ihn nicht der Verfolgung durch die deutsche Polizei ausliefere, unter der seine ganze Familie gelitten habe.

Nun schildert der Verteidiger nochmals in drastischen Worten den Leidensweg des Boris J. bis hin zu den Vorwürfen, bereits schon beim Einschreiten in der Bar von den deutschen Polizisten misshandelt worden zu sein. Um sein Verhalten richtig einordnen zu können, bittet er den Untersuchungsrichter, ein psychiatrisches Gutachten zu bestellen.

Am 18. Mai 1949 erstellt Dr. A. Fournier, ehemaliger Professor der neuropsychiatrischen Klinik der ärztlichen Fakultät in Québec, Hauptarzt der Krankenhäuser für Seelenkranke im Département de la Seine, ein psychiatrisches Gutachten. Der Psychiater führt aus, dass Boris J. durch besonders korrektes Auftreten und gewählte deutsche Sprache auffalle. Erschüttert beschreibt Fournier dessen Leben sowie seine entsetzlichen Erfahrungen während des Krieges. Bis in alle Einzelheiten skizziert er Boris

J.s Beschreibung des Vorfalls in der Bar bis zu dem Augenblick, in dem es zu der Schießerei kommt. Da setzen J.s Erinnerungen aus und werden erst wieder mit seinem Eintreffen im amerikanischen Gefängnis genauer. Der Psychiater sieht in Boris J. einen intelligenten und gefühlvollen Mann. Er entdeckt kein Zeichen eines besessenen Zustands oder wahnhafter Vorstellungen, diagnostiziert keinen krankhaften Hass oder aggressives Verhalten. Tatauslösend sei die Benebelung des Bewusstseins unter der Wirkung der Schläge durch die Polizeibeamten gewesen. Vom neurologischen Standpunkt aus, so Dr. Fournier, weise er nichts Anormales auf. Es wird ein Zustand der Niedergeschlagenheit festgestellt, der für den Arzt vollständig begreifbar ist. Boris J. zeige eine flinke Intelligenz, habe ein ausgezeichnetes Gedächtnis, das lediglich eine Lücke aufweise, die sich auf den Moment begrenze, in dem er während der Schlägerei in das Gesicht geschlagen und anschließend von der Polizei schlecht behandelt worden sei. Während einiger Sekunden, unter der Wirkung der erlittenen Brutalitäten, habe Boris J. jedes klare Bewusstsein verloren. »Es ist uns klar, dass sich Boris J. in dieser kurzen Phase im gesetzlichen Sinne im Zustand des Wahnsinns befand«, formuliert der Psychiater in seiner Expertise. »Seine kriminelle Verantwortung in dieser Hinsicht ist nicht existierend. Seine Einkerkerung unter den gewöhnlichen Kriminellen hat zu einer Depression geführt, die zusammen mit den Folgen der Kriegswunden nur durch eine schnelle Haftentlassung schnell geheilt werden kann«.

Aufgrund dieses Gutachtens beantragt die Staatsanwaltschaft am 25. Mai 1949 die Beendigung der Voruntersuchung und Aufhebung des Haftbefehls. Am 27. Mai 1949 beendet das Amtsgericht des Département de la Seine die Voruntersuchung und Boris J. ist wieder ein freier Mensch.

POST AUS TEL AVIV Im Sommer 1949 wird bei der Mordkommission durch einen Hinweis bekannt, dass Boris J. von Palästina aus nach Stuttgart geschrieben hat. Nun bekommt auch im Oktober 1949 Kriminaloberkommissar Frey Post von Boris J.:

»*Lieber Inspektor Frey! Ich glaube, meine paar Worte werden Sie ein wenig überraschen, aber ich hoffe, Sie sind nicht sehr böse, daß ich so weit entfernt bin von Ihnen. Wir können aber trotzdem in Verbindung bleiben. Mir geht es ganz gut, was ich auch von Ihnen hören möchte. Wenn ich von Ihnen Antwort bekomme, werde ich etwas Interessantes beschreiben für Sie! Vieler Grüße! In Erwartung Boris J.*«

Auf diese Nachricht hin nehmen die Deutschen Anfang 1950 mit dem amerikanischen Staatsanwalt Mr. Smith beim amerikanischen Distriktsgericht Kontakt auf, um eine Auslieferung von Boris J. aus Israel zu prüfen. Danach versenden sie über den amerikanischen Generalstaatsanwalt in Nürnberg einen Auslieferungsantrag über Berlin nach Washington. Von Washington werden die Papiere der US-Botschaft in Israel zugeleitet und den dortigen Behörden übergeben. Eine Antwort bleibt jedoch aus.

JUNI 1954: DIE JAGD GEHT WEITER Bereits am 4. Juni 1954 erlässt das Amtsgericht Stuttgart Haftbefehl gegen Boris J. wegen Totschlags und versuchten Totschlags. 1956 erfolgt ein erneuter Haftbefehl, erweitert auf Mord und Mordversuch. Bei der Haftbefehlsausstellung wird vom Amtsgerichtspräsidenten beurkundet, dass zum Erlass des Haftbefehls nach den deutschen Gesetzen das Amtsgericht Stuttgart zuständig ist.

Bis zum Ende der 1960er-Jahre treffen immer wieder Postkarten mit ironischen Grüßen von Boris J. bei der Stuttgarter Mordkommission ein. Inzwischen hat er als Geschäftsmann in Brasilien reüssiert und soll es zum Millionär gebracht haben. Boris J. besitzt inzwischen die brasilianische Staatsbürgerschaft. Da

Brasilien seine Staatsbürger nicht ausliefert, kann sich Boris J. in dem Land frei und sicher bewegen.

NOVEMBER 1967: EIN GUTER FREUND PACKT AUS Im November 1967 teilt der Kripobeamte Semle, der beim Landeskriminalamt Baden-Württemberg im Betrugsbereich arbeitet, der Stuttgarter Mordkommission mit, dass ein Balasz Somodi, der in der JVA Landshut in Untersuchungshaft wegen Betrügereien einsitzt, zu einem Mordfall in Stuttgart aus dem Jahr 1949 aussagen möchte, da er den Täter kennen würde. Somodi verspricht sich von seiner Aussagebereitschaft Vergünstigungen im Hinblick auf seinen bevorstehenden Prozess.

Kriminalmeister Gosbert Müller vom Dezernat 1 des Polizeipräsidiums Stuttgart vernimmt Somodi in Landshut, der folgende Aussage macht:

»Ich kenne den Mann, der 1949 in der Jüdischen Bar den Stuttgarter Polizisten erschossen hat. Kennengelernt habe ich Bernhard J., genannt Boris, im amerikanischen Militärgefängnis im Februar 1949 in Kornwestheim. Wir haben uns angefreundet und Boris J. hat mir auch mitgeteilt, dass er einen Polizisten in einer Bar erschossen hat. Durch ein geöffnetes Fenster gelang uns im März 1949 die Flucht aus dem Gefängnis. Der Kontakt zwischen uns ist nicht mehr abgebrochen. Boris J. lebt unter dem Namen Gabriel Peres schon seit längerer Zeit in Sao Paulo und besitzt inzwischen die brasilianische Staatsangehörigkeit. Auf einer vorgelagerten Insel betreibt er ein Spielcasino. Daneben sammelt er für die Israelis größere Geldsummen ein, die von jüdischen Mitbürgern stammen, die nach Brasilien ausgewandert sind, um der Wehrpflicht in Israel zu entgehen. Er hat politische Verbindungen nach ganz oben. Boris J. war schon mehrmals geschäftlich in Europa. Boris J. hat auch der Witwe Seemüllers anonym größere Geldbeträge zukommen lassen.

Ich weiß, wann Boris J. wieder nach Europa kommt, und bin bereit, den deutschen Behörden einen Tipp zugeben.«

Kriminalmeister Müller wird von der Staatsanwaltschaft beauftragt, die 1968 noch erreichbaren Zeugen zu ermitteln und sie erneut zu vernehmen. Müller schafft es, den Verbleib und das Schicksal der wichtigsten Zeugen zu klären. Obwohl mehrere Zeugen inzwischen in der ganzen Welt verstreut leben, gelingt es, einige Personen ausfindig zu machen, die bereit sind, das damalige Geschehen erneut protokollieren zu lassen: Der in jenen Tagen schwer verletzte Otto Ruffner, inzwischen Polizeihauptkommissar, Polizeimeister Paul Fritz, der bei der Festnahme beteiligt war, die Barbesucherin Brigitte Mantei, geb. Sailer, sie alle bestätigen vollumfänglich ihre Aussagen vom Februar 1949.

Am 14. Februar 1969, nur zwölf Tage vor der Verjährungsfrist des Falls, wird das Ermittlungsverfahren gegen Boris J. mit den richterlichen Vernehmungen der noch in Deutschland lebenden Tatzeugen erneut in Bewegung gebracht. Die Verlängerung des internationalen Haftbefehls erfolgt.

JANUAR 1970: FESTNAHME IN ITALIEN Der inzwischen 45-jährige Bernhard Boris J. alias Gabriel Peres fühlt sich nach den vielen Jahren in Freiheit sicher. Doch am 22. Januar 1970 wird er in Mailand bei seiner Einreise nach Italien festgenommen. Boris J. weist sich mit einem Pass aus Brasilien aus, wo er auch wohnhaft ist. Grund der Festnahme ist ein Auslieferungshaftbefehl vom Amtsgericht Stuttgart vom 10. Februar 1956. Über Interpol wird der telegrafische Haftbefehl am 23. Januar 1970 der italienischen Justiz in Mailand übersandt. Die originalen Ermittlungsakten folgen auf dem Postweg. Bei seiner Vernehmung vor der Staatsanwaltschaft in Mailand gibt Boris J. an, dass er wegen dieser Taten bereits in Frankreich vom dortigen Gericht abgeurteilt worden sei. Die sofortige Beschwerde durch einen von ihm beauftragten Stuttgarter Rechtsanwalt hat Erfolg: Am 12. Februar 1970 erfolgt die vorläufige Freilassung gegen eine Kaution von fünf Millionen Lire, Einziehung seines brasilianischen Passes und tägliche Meldepflicht beim Polizeihauptquartier in Mailand, da die Auslieferungsunterlagen nicht in der gesetzlich vorgeschrieben Frist in Mailand vorliegen. Nun erfolgt ein erbitterter juristischer Schlagabtausch.

Am 5. Februar 1970 wird ein neuer Haftbefehl vom Landgericht Stuttgart gegen Bernhard Boris J. alias Gabriel Peres wegen Mordes ausgestellt. Die italienischen Behörden werden mehrmals mit ausführlichen Rechtsgutachten über die Zuständigkeit deutscher Gerichtsbarkeit dringend über das Bundesjustizministerium ersucht, den Auslieferungshaftbefehl wieder in Vollzug zu setzen, da dringende Fluchtgefahr bestehe. Doch die italienische Justiz verwirft sämtliche Haftbeschwerden. Laut einem vertraulichen Hinweis soll sich Boris J. für zwei Tage in einem Schweizer Hotel in St. Moritz aufhalten. Ein an die Schweiz gerichtetes Auslieferungsersuchen verläuft ebenfalls erfolglos.

Mit dem Schreiben vom 30. Mai 1970 teilt das Ministerium für Gnadenwesen und Justiz der Republik Italien dem Justizministerium in Bonn mit, dass es mit dem Urteil vom 5. Mai 1970 die Auslieferung des Boris J. an die deutschen Justizbehörden endgültig ablehnt. Die Frage, ob der französische Untersuchungsrichter nach französischem Recht berechtigt war oder nicht, die den Gerichten der Alliierten Militärregierung in Deutschland zustehende Gerichtsbarkeit auszuüben, habe die deutsche Justiz nicht zu kommentieren. Daraus folgt für die Italiener, dass die Auslieferung des brasilianischen Staatsangehörigen Bernhard Boris J. wegen des Mordes in Stuttgart nach deutschem Recht nicht zulässig ist und deshalb vom italienischen Staat nicht bewilligt werden kann. Große Teile der an die italienische Justiz gesandten Originalakten verschwinden auf dem Postweg von Italien nach Stuttgart und sind nicht mehr auffindbar.

Der Strafsenat des Oberlandesgerichtes Stuttgart hält trotz der Gegenvorstellungen des Beschuldigten Boris J. und seiner

Rechtsanwälte den Haftbefehl vom 11. März 1970 aufrecht und verwirft die Haftbeschwerde des Anwalts von Boris J.

AUGUST 1992: EIN HINWEIS AUS BRASILIEN Am 25. August 1992 kommt über das brasilianische Generalkonsulat von der Polizei aus Sao Paulo eine Anfrage, ob gegen den Teilhaber der Krazo Ltda., Gabriel Peres, in Deutschland ein Strafverfahren geführt werde, da sich dieser mehrmals eines Polizistenmordes gerühmt habe, den er aber zeitlich auf die Kriegsjahre vorverlegt habe, so dass er in Brasilien als Held betrachtet werde. Hintergrund der Anfrage ist, dass Gabriel Peres mit unlauteren Machenschaften die Finanzdirektion der Krazo Ltda. zu übernehmen versucht und den Direktor der in Sao Paulo ansässigen Firma massiv unter Druck setzt.

Der Polizistenmord aus dem Jahre 1949 wird bestätigt. Die nationale Ausschreibung wurde nach Fristablauf gelöscht. Eine Verlängerung der Ausschreibung ist nicht möglich, da bei der Staatsanwaltschaft keine Akten zu dem Fall aufgefunden werden, Boris J. alias Gabriel Peres inzwischen brasilianischer Staatsbürger und Mord in Brasilien nach 20 Jahren verjährt ist.

SOMMER 2006: DER LETZTE VERSUCH Im Zuge der Aufarbeitung von ungeklärten Mordfällen startet die Mordkommission 2006 den letzten Versuch, die Festnahme und Auslieferung von Boris J. zu erreichen. Da er im polizeilichen Fahndungssystem nicht mehr zur Festnahme ausgeschrieben steht, wird die Staatsanwaltschaft Stuttgart um Prüfung gebeten, ob der Haftbefehl noch Gültigkeit besitzt und doch noch eine Chance besteht, Boris J. alias Gabriel Peres in Brasilien festnehmen und ausliefern zu lassen. Da bei der Justiz nach wie vor die Akte Boris J. nicht auffindbar ist, ist ein Auslieferungsbegehren nach wie vor nicht Erfolg versprechend. Der Fall Boris J. verschwindet endgültig in den Archiven.

DER TODESFAHRER

1949, Nachkriegszeit, die Nacht zum 1. Mai. Stuttgart ist noch gezeichnet vom Krieg, doch viele Menschen feiern und gehen zum Tanz. Nach Mitternacht verlässt der amerikanische Militärpolizist Russel J. seine Unterkunft. Betrunken, hochgereizt und aggressiv startet der 22-jährige Mann mit einem Jeep eine grausame Todesfahrt.

DER WEG DES RUSSEL J. IN DIE ARMEE Nein, der 30. April, ein Samstag, ist kein guter Tag für den 22-jährigen Russel J. Als Angehöriger des European Command, 534. Kompanie, ist der amerikanische Militärpolizist zum Dienst eingeteilt. Er ist in Stuttgart-Zuffenhausen auf dem Gelände der ehemaligen Konsum Großbäckerei stationiert und hat dort bis 17 Uhr Einsatz im Funkdienst, in der Unterkunftsbewachung und Innenwache.

Russel J.s Karriere verlief alles andere als geradlinig: Nach seiner Degradierung wegen verschiedenster Dienstvergehen ist er wieder Rekrut. Auch dieser Tag bringt ihm Ärger mit seinem Vorgesetzten: Die nicht geputzten Schuhe führen zu sechs Tagen Stubenarrest. Der Soldat ist übel gelaunt. Überhaupt sieht er sich immer als Verlierer. Seinen Vater kennt er nicht, er ist als uneheliches Kind bei seiner Mutter aufgewachsen. Mit zwölf Jahren läuft er zum ersten Mal von zu Hause weg. Er kommt in ein Erziehungsheim, türmt auch dort, stiehlt sein erstes Auto und landet im Gefängnis. Die erste Ehe geht der Amerikaner mit 17 Jahren ein. Im Dezember 1945 wird er zum Heer eingezogen, im Frühjahr 1948 entlassen. Am 27. November 1948 verpflichtet sich Russel J. für fünf weitere Jahre bei der Army. Aus seiner mittlerweile zweiten Ehe hat er einen Sohn und das nächste Kind ist unterwegs, seine Frau ist im achten Monat schwanger.

Nach Dienstschluss geht Russel J. auf seine Stube in der Unterkunft der Militärpolizei (MP), rasiert sich und legt Zivilkleidung an. Der Weg führt ihn in den Billy Club, der sich auf dem Unterkunftsgelände befindet. Ein paar Bier sollen ihm helfen, den Frust des Tages zu vergessen. Als der Billy Club um Mitternacht seine Türen schließt, hat J. nicht nur fünf Gläser Bier getrunken, sondern ebenso viele Gins. Da er noch nicht genug hat, wechselt er an die Bar und trinkt dort weiter. Insgesamt vier bis fünf Whiskys, so berichtet später der Barkeeper, schüttet Russel J. bis gegen 1 Uhr in sich hinein. Als er sich auf den Rückweg macht, ist er deutlich betrunken. Es kommt zu Auseinandersetzungen mit dem deutschen Wachpersonal vor der MP-Wache. Zwei Wachleute, von Russel J. um Geld angepumpt, wollen diesem nichts leihen, auch nicht gegen eine Stange Zigaretten. Als zwei MP-Kameraden, die im Club feierten, ihre Begleiterinnen zum Tor der Kaserne bringen, kommt es zur Schlägerei, da J. eine Frau unvermittelt anfasst und mitzuziehen versucht. Den Soldaten droht er in seiner Wut noch an, sie zu erschießen. Dann schlägt er auf einen hinzukommenden vorgesetzten Sergeanten ein, der Russel J. überwältigt, auf sein Zimmer bringt, entkleidet und ins Bett legt.

Doch Russel J. denkt nicht im Entferntesten daran, seinen Rausch auszuschlafen. Schwer verstimmt, hitzköpfig und unbeherrscht versucht er, in den Besitz einer Schusswaffe zu gelangen. Er zieht seine Uniform an, Gürtel, Holster, Mütze, Armbinde; geht zur Waffenkammer seiner Kompanie und verlangt vom Wachhabenden eine Waffe – vergeblich. Russel J. erblickt einen Jeep, der vor Gebäude seiner Einheit geparkt ist. Er steigt in das Fahrzeug, fährt an das Tor der Unterkunft und hält am Schlagbaum. Am Wachhäuschen trägt er seinen Namen in das Fahrtenkontrollbuch ein, worauf der Wachmann ihn passieren lässt. Zwei halb bekleidete amerikanische Soldaten kommen zur Wache gerannt und rufen Russel J. nach, er solle zurückkommen, doch der alkoholisierte Militärpolizist hört nicht auf sie. Es ist 2.50 Uhr, als Russel J. den Motor des Jeeps aufheulen lässt und schließlich durch Zuffenhausen in Richtung Pragsattel rast.

BEGINN DER AMOKFAHRT Der 31-jährige Anton Schuster steht um diese Zeit als Industrie-Wachpolizist bei der amerikanischen Tankstelle auf dem Pragsattel. Über 24 Stunden ist er an diesem Tag schon im Dienst. Eigentlich hätte er um 1 Uhr zu Hause sein sollen, aber auf der Dienststelle sagte man ihm, dass es personelle Engpässe gebe und er einen Wachmann vertreten müsse. Schuster ist bei seinen Kollegen beliebt, da er den zusätz-

Tatort amerikanische Militärtankstelle am Pragsattel, an welcher der Wachmann Anton Schuster erschossen wurde

Blutflecken am unmittelbaren Tatort, an dem Wachmann Schuster während seines Dienstes von Boris J. niedergeschlagen und erschossen wurde

lichen Dienst ohne zu murren oder sich zu beschweren versieht. Der freundliche Wachmann ist ein Familienmensch, trinkt nicht, lebt sparsam und legt jeden Pfennig für seine Frau und die gemeinsame zwölfjährige Tochter zurück. Schuster und seine Familie stammen eigentlich aus Berlin: 1943 war er Flakhelfer, ein Jahr später musste er bis Kriegsende bei der Lufthansa als Motorenschlosser arbeiten.

Insgesamt viermal wird die Familie während des Krieges ausgebombt. Seine Frau Klara muss Berlin verlassen und zieht zu ihrer Mutter. Im August 1945 sucht Klara Schuster in der russischen Zone ihren Mann und findet ihn halb verhungert in Berlin-Charlottenburg. Schuster bekommt eine Anstellung als Polizist und hofft auf eine gemeinsame Zukunft in Berlin. Klara Schuster flüchtet in die englische Besatzungszone und von dort zu ihren Schwiegereltern nach Eglosheim bei Ludwigsburg. Nachdem sie eine Zuzugsgenehmigung für ihren Mann erhalten hat, gibt dieser seine Anstellung bei der Berliner Polizei auf und steht ein paar Tage vor Weihnachten 1945, bei minus 20 Grad, barfuß und abgemagert vor der Tür. Die Familie ist wieder zusammen, und seit dem 7. Februar 1946 arbeitet Schuster bei den Amerikanern als Wachmann.

Am Morgen des 1. Mai, um 3 Uhr, wird Schuster von seinem Vorgesetzten kontrolliert. Es ist alles in Ordnung, keine Auffälligkeiten. Er ist bewaffnet mit einem amerikanischen Militärkarabiner, Kaliber 7.62 mm, in dessen Magazin sich fünf Patronen befinden. Die Waffe ist nicht durchgeladen.

Der betrunkene Russel J. fährt fünf Minuten später voll aufgeblendet und mit hoher Geschwindigkeit in die Einfahrt zur Tankstelle. Er lenkt den Jeep hinter das Tankstellengebäude und verlangt die Herausgabe von Benzin. Danach folgt ein kurzer Wortwechsel. Unvermittelt zieht Russel J. seinen dienstlichen Holzschlagstock und schlägt mit voller Wucht zu. Er prügelt so brutal auf das Gesicht des Wachmanns ein, dass der Knüppel in zwei Teile zerbricht, Schuster schwer verletzt mit dem Gesicht voraus auf den Boden sinkt und seitlich zum Liegen kommt. Russel J. reißt dem Wachmann den Karabiner von der Schulter, lädt die Waffe durch und schießt in Brusthöhe auf den hilflos auf dem Boden Liegenden. Beim Sturz ist dessen Armbanduhr stehen geblieben: Die Uhr zeigt 3.07 Uhr. Russel J. schwingt sich wieder in den Jeep und rast die Pragstraße in Richtung Löwentor hinunter.

Unmittelbar neben der Tankstelle, in der Gaststätte Pragwirtshaus, hat sich die Wirtin Ida Wegener in ihr Schlafzimmer über der Wirtschaft zurückgezogen. Ein paar Stammgäste sind noch im Lokal, spielen Karten und palavern in beachtlicher Lautstärke – die Gastwirtin findet partout keinen Schlaf. Gegen 3 Uhr hört sie das Motorengeräusch eines Fahrzeugs, das zur Tankstelle einfährt. Sie ärgert sich über den Lärm aus dem Lautsprecher des Autos, nimmt das Krachen von zersplitterndem Holz wahr und kurz darauf einen Schuss. Schreie, die in Stöhnen übergehen, lassen die Wirtin zum Fenster eilen. Sie kann den unbeleuchteten Teil der Tankstelle nicht einsehen, hört aber ein Röcheln. Im Morgenrock rennt sie schnell in die Wirtsstube und alarmiert die Spielerrunde, die nichts von dem Schuss mitgekriegt hat. Als die Männer nach draußen kommen, sehen sie den sterbenden Wachmann und einen Jeep, der die Pragstraße in Richtung Cannstatt hinunterrast. Sie springen auf die Straßenkreuzung und halten ein Taxi an, das gerade von der Stadtmitte in Richtung Zuffenhausen unterwegs ist. Gemeinsam setzen sie den Sterbenden in das Fahrzeug und fahren ihn zum etwa 200 Meter entfernten Robert-Bosch-Krankenhaus. Dort können die Ärzte jedoch nur noch den Tod des Wachmanns feststellen.

DAS ZUFALLSOPFER RUTH SENN Die 22-jährige Ruth Senn und ihre Freundin Gertrud Hausmann amüsieren sich am Abend des 30. April im Tanzlokal Schulte in der Neckarstraße. Ungefähr gegen 2.45 Uhr verlassen die beiden das Lokal und machen sich auf den Nachhauseweg – wie üblich zu Fuß. Die 23-jährige Hausmann wird von ihrem Freund begleitet. Gut gelaunt überquert das Trio an der Rosensteinbrücke die Neckartalstraße und biegt gegen 3.20 Uhr in die Brückenstraße ein. Es sind nur noch wenige Meter bis zu ihren Wohnungen. In diesem Moment fährt aus der Richtung Haldenstraße kommend ein Military Jeep an den drei jungen Leuten vorbei. Das Fahrzeug stoppt nach ein paar Metern, wendet und hält bei der Gruppe an. Während Gertrud Hausmann weitergeht, bleiben Ruth und Hausmanns Freund stehen. Russel J. fordert Ruth mit den Worten »Setzen Sie sich« zum Einsteigen auf. »Nein«, antwortet die 22-Jährige und tritt einen Schritt zurück. Im selben Augenblick kommt Gertrud zu dem Jeep gelaufen. Gerade als sie das Fahrzeug erreicht, erblickt sie einen Feuerstrahl, hört einen lauten Knall und sieht ihre Freundin zu Boden sinken. Mit ausgestrecktem Körper liegt Ruth rücklings auf dem Gehweg und stirbt. Russel J. sitzt in seinem Jeep, den Karabiner nun auf Gertrud gerichtet, und fordert sie auf einzusteigen. Ohne Widerrede und in Todesangst steigt die junge Frau in den Jeep. Der Mörder ihrer Freundin legt den Karabiner auf die Rückbank und fährt in Richtung Hallschlag davon.

Polizeimeister Manfred Küster hat in der Nacht zum 1. Mai Dienst beim nur wenige Meter entfernten 13. Polizeirevier in der Brückenstraße. Die Nacht war ruhig, und Küster döst im Wachraum vor sich hin. Gegen 3.15 Uhr hört er einen Schuss und kurz danach Hilferufe. Küster rennt vor das Gebäude Brückenstraße 26, wo die erschossene Ruth Senn auf dem Gehweg liegt. Aufgeschreckte Anwohner und weitere nach Hause eilende Fußgänger bilden einen Kreis um Ruth Senn. Der Polizeimeister sichert den Tatort und alarmiert seine Kollegen.

Tatort Bad Cannstatt, Brückenstraße mit dem zweiten Mordopfer Ruth Senn

KIDNAPPING EINER FRAU Starr und reglos sitzt Gertrud Hausmann neben Russel J. im Auto, während der Amerikaner mit hoher Geschwindigkeit die Altenburger Steige in Richtung Hallschlag hochrast. Russel J. fordert in englischer Sprache, zur Autobahn geleitet zu werden. Gottseidank spricht Gertrud leidlich englisch. Auf Höhe der Endhaltestelle der Straßenbahn biegt Russel J. nach links in das Wohngebiet »Auf der Steig« ein. Die junge Frau bemerkt, dass sich ihr Entführer in den Straßen Stuttgarts nicht auskennt. Plötzlich hält er auf dem Gehweg an und schaut ihr ins Gesicht. »Weißt du eigentlich, was du getan hast?«, fragt sie auf Englisch den Soldaten. »Ich weiß, ich weiß, aber du kommst auch dran«, antwortet Russel J. mit starrem und unbeweglichem Gesichtsausdruck.

Eine Gruppe von mehreren Männern kommt entgegengelaufen. Russel J. startet den Jeep und fährt frontal auf die Gruppe zu. Laut schimpfend springen die Männer zur Seite. »Zeigst du mir jetzt den Weg zur Autobahn oder nicht, aber lüge nicht«, herrscht er sein total verängstigtes Opfer an. Sie nickt mit dem Kopf und sagt: »Ja.« Im nächsten Augenblick schlägt Russel J. zu. Gertrud Hausmanns Lippen schwellen sofort an. Mit zittriger Stimme dirigiert sie den betrunkenen Militärpolizisten durch das Wohngebiet. In einer kleinen Gasse hält er an, steigt aus dem Jeep, reißt die Seitentüre auf und fordert Hausmann auf auszusteigen. Er lehnt sie mit dem Rücken an den Jeep: »Jetzt nehme ich dich und dann werde ich dich tot machen.« Russel J. hebt ihr Kleid hoch und fordert die verängstigte Frau auf, ihren Schlüpfer auszuziehen. Als sie nicht reagiert, fasst er ihr an die Hüfte und versucht, selbst den Schlüpfer herunterzuziehen. Geistesgegenwärtig sagt die Gepeinigte, dass dieser Ort nicht geeignet sei, da sich in unmittelbarer Nähe Häuser befänden und jemand kommen könne.

Russel J. lässt von seinem Opfer ab und setzt sich wieder ans Steuer. Er greift auf die Rückbank und holt den Karabiner nach vorn. Mit dem Schaft stellt er die Waffe auf den Boden zwischen den Vordersitzen. Erneut fordert er seine Geisel zum Einsteigen auf: »Du brauchst nicht glauben, dass dir Schreien etwas nützt, ich werde das Radio laut einschalten, dann kann dich niemand hören und dann habe ich sechs Schuss, fünf davon für dich und einen davon für mich.« Russel J. fährt rückwärts aus der Seitenstraße. Immer noch will er, dass die Frau ihn zur Autobahn lotst. Mit Höchstgeschwindigkeit biegt er in die Hauptstraße ein. Gertrud Hausmann weiß, dass in der Kaserne am Römerkastell ein Criminal Investigation Command seinen Dienstsitz hat und dass das Gebäude hell erleuchtet und rund um die Uhr besetzt ist. Dorthin lotst sie Russel J., der irritiert von dem beleuchteten Gebäude seine Geschwindigkeit verringert und fast zum Stehen kommt. Geistesgegenwärtig lässt die mutige junge Frau sich aus dem Jeep fallen, stürzt zu Boden, verliert ihre Handtasche, springt wieder auf und rennt mit drei Sätzen in die Einfahrt der Kaserne. Sie ist in Sicherheit. Russel J. stoppt kurz seinen Wagen und fährt mit aufheulendem Motor die Altenburger Steige abwärts zurück auf die Kreuzung Brückenstraße/Haldenstraße.

DER NÄCHSTE MORD Friederike Laut, eine 24-jährige Hausfrau aus Bad Cannstatt, verbringt die Nacht zum 1. Mai beim Tanz im Saalbau der Brauerei Leicht in Heslach. Nach Mitternacht läuft sie mit einem Bekannten zum Hauptbahnhof und besteigt den Vorortzug, der um 3.03 Uhr nach Cannstatt abfährt. Sie trennt sich am Cannstatter Bahnhof von ihrem Begleiter und läuft durch die Marktstraße, wo sie von dem angeheiterten 46-jährigen Maurermeister Fritz Nehring angesprochen wird. Nehring ist auf dem Nachhauseweg von einer Maifeier, die sein Chef in der Cannstatter Wirtschaft »Zur Karlsecke« ausgerichtet hat. Mit dabei war auch sein Sohn, der ebenfalls als Maurer bei der gleichen Firma beschäftigt ist. Nehring Junior hat sich bereits um 20 Uhr verabschiedet, um nach Hause zu gehen. Fritz Nehring hat noch bis gegen 3 Uhr in der Wirtschaft gezecht und tritt jetzt beschwipst seinen Heimweg an. In der Marktstraße, in der Nehring wohnt, trifft er auf Friederike Laut und bietet ihr an, sie nach Hause auf den Hallschlag zu begleiten: »Die frische Luft tut mir gut und ich kann noch etwas auslüften.« Friederike Laut findet den älteren Herrn sympathisch und hat nichts gegen seine Gesellschaft. Als die beiden an der Kreuzung Brückenstraße/Haldenstraße ankommen, ist es 3.23 Uhr. Sie sehen ein mit aufgeblendeten Scheinwerfern die Steige herunterfahrendes Auto. An der Kreuzungsmitte hält der Jeep bei ihnen an. Der Fahrer sagt in einwandfreiem Deutsch: »Kommen Sie mal her bitte.« Friederike Lauts Begleiter nähert sich dem Fahrzeug. In diesem Augenblick sieht die junge Frau einen rohrähnlichen, metallenen Gegenstand ungefähr 25 Zentimeter aus dem Fahrzeug herausschauen. Als Nehring noch einen weiteren Schritt auf das

Fahrzeug zugeht, muss Friederike Laut mit ansehen, wie sich dieses Rohr in Brusthöhe auf ihren Begleiter richtet und im selben Moment auch schon ein Schuss die Stille zerreißt. Die Patrone durchschlägt Nehrings Herz, der Erschossene fällt mitten auf der Kreuzung rücklings auf den Asphalt. Panikartig rennt Laut die Altenburger Steige aufwärts. Im Rückwärtsgang setzt der Jeep der Flüchtenden nach. Schreiend wechselt sie die Straßenseite und rennt wieder die Steige abwärts in die Brückenstraße. Auf der Flucht verliert Friederike ihren rechten Schuh. Russel J. wendet den Jeep und rast der Flüchtenden hinterher. In einem Hofeingang in der Brückenstraße bringt sich Friederike Laut in Sicherheit – dort hinein kann ihr der Jeep nicht folgen.

Tatort Bad Cannstatt, Kreuzung Brückenstraße / Haldenstraße, auf der Fritz Nehring erschossen wurde

Polizeimeister Manfred Küster steht immer noch am Tatort der erschossenen Ruth Senn, als plötzlich an der Kreuzung Brückenstraße / Haldenstraße ein Jeep mitten auf der Kreuzung anhält. Die hell erleuchteten Scheinwerfer zeigen in die Brückenstraße. Die Menschen, die noch bei der erschossenen Ruth Senn stehen, erkennen das Tatfahrzeug und geraten in Panik. Sekunden später fällt ein Schuss, das Fahrzeug fährt rückwärts die Altenburger Steige hoch und rast kurz darauf mit hoher Geschwindigkeit in die Brückenstraße. Küster reißt seinen Revolver hoch und feuert auf das flüchtende Fahrzeug, allerdings ohne es zu treffen.

Die missglückte Geiselnahme steigert die Aggressivität von Russel J. – seine Wut entlädt sich in einer planlosen Raserei. Russel J. biegt rechts in die Neckartalstraße ein, überquert die Rosensteinbrücke, fährt bis zum Bahnhof Cannstatt, wendet dort, rast zurück über die Neckarbrücke, die Pragstraße aufwärts. Um 3.45 Uhr passiert der Militärpolizist die Tankstelle auf dem Pragsattel, wo er den Industriewachmann Schuster entwaffnete und erschoss. Um 3.55 Uhr parkt Russel J. den Jeep schließlich an der Unterkunftswache seiner Dienststelle und läuft auf den Wachposten zu.

FLUCHT UND WEITERE OPFER Der Industriewachmann Harald Weinig steht vor der Einfahrt der MP-Unterkunft. Es ist kurz vor 4 Uhr. Noch drei Stunden, dann ist seine Nachtschicht beendet. Der Vorfall mit dem MP-Soldaten vor einer guten Stunde, der plötzlich mit dem Military Jeep wegfuhr, beschäftigt ihn immer noch. Plötzlich hört er Schritte. Er läuft ein paar Meter nach vorne, um nachzusehen, als plötzlich Russel J. mit einem Karabiner im Anschlag um die Ecke kommt. Er rammt die Mündung dem verdutzen Wachmann in den Bauch. Reflexartig greift Weinig nach dem Lauf und drückt ihn zur Seite. J. greift nun nach dem Karabiner des Wachmanns, den dieser an der rechten Schulter trägt. Er zerrt an dem Karabiner, bekommt ihn aber nicht zu fassen und schlägt mit dem Kolben seiner eigenen Waffe auf den Kopf des Wachmanns. Brüllend versucht Weinig, seine Kameraden im Wachraum auf den Überfall aufmerksam zu machen. Er bekommt den Karabiner von Russel J. zu fassen, der von der Unterkunft wegrennt und den Wachmann, der die Waffe seines Gegners nicht loslässt, ein paar Schritte mitzieht. Dann lässt der MP-Soldat von Weinig ab und rennt, jetzt ohne Waffe, zu seinem Jeep. Mit aufheulendem Motor fährt J. in Richtung Schwieberdinger Straße davon.

Die 17-jährige Jana Häuser verbringt den Abend zum 1. Mai mit ihrer ein Jahr älteren Freundin Elisabeth Gärtner in der Gaststätte Waldhorn in Münchingen bei einer Tanzveranstaltung. Elisabeth wohnt im Gasthaus »Zum Häuserheim« an der Reichsstraße 10 bei ihrem Bruder, wo sie auch als Bedienung arbeitet. Gegen 3.45 Uhr beschließen die beiden Frauen, nach Hause zu gehen. Zusammen mit Elisabeths Schwester Annette und zwei Tanzpartnern begleitet Jana Häuser ihre Freundin zum »Häuserheim«. Gegen 4.10 Uhr verabschiedet sich der Begleittrupp und macht sich auf den Weg zurück nach Münchingen. Auf Höhe der Gaststätte ist die Reichsstraße 10 in Richtung Schwieberdingen wegen Frostaufbrüchen gesperrt. Die ausgeschilderte Umleitung erfolgt über die Ortsstraße nach Münchingen.

Russel J. biegt in die Umleitungsstrecke ein und trifft 100 Meter hinter der Gaststätte auf die Personengruppe, die am rechten Straßenrand paarweise eingehakt in Richtung Münchingen läuft. Mit dem Kotflügel seines Jeeps erfasst er die beiden Mädchen. Durch den Aufprall werden sie in den Straßengraben geworfen. Jana Häuser hat Schürfwunden an den Beinen und eine schwere Gehirnerschütterung, Annette Gärtner bricht sich den Unterschenkel und bleibt an der Böschung liegen. Russel J. fährt noch ein paar Meter weiter, hält an und stößt zurück. Die beiden Begleiter, nichts ahnend von der Gefahr, bringen die be-

Tatort Umleitungsstraße nach Münchingen, wo Russel J. zwei junge Frauen schwer verletzt

wusstlose Jana Häuser in das Fahrzeug. Als sie auch die schwer verletzte Annette Gärtner einladen wollen, fährt der Jeep mit der ohnmächtigen Jana Häuser plötzlich los. Die junge Frau hat von dem Unfall nichts mitbekommen. Auf der Fahrt nach Münchingen kommt sie zu sich und bemerkt, dass sie in einem offenen Jeep sitzt.

»Gell, Sie lassen mich heraus«, sagt sie zu dem amerikanischen Soldaten, der den Jeep lenkt. Er murmelt etwas Unverständliches und fährt weiter. Beim Anblick der ersten Häuser bittet sie ihn, langsamer zu fahren, da sie in der Nähe wohnen würde. Russel J. beschleunigt daraufhin den Jeep und rast weiter durch Münchingen. Als Jana Häuser zu schreien beginnt, holt er aus und schlägt während der Fahrt nach ihr. An einer Straßengabelung kommt dem Jeep plötzlich ein Lastwagen entgegen. Russel J. muss stark abbremsen, um nicht aufzufahren. Das Mädchen springt beherzt aus dem Fahrzeug und läuft schnell zu einer an der Ecke stehenden Personengruppe. Der Jeep fährt ohne anzuhalten weiter in Richtung Schwieberdingen. Ungefähr einen Kilometer vor Schwieberdingen versucht Russel J., während der Fahrt seine verrutschte Dienstmütze wieder festzuziehen. Er kommt ins Schleudern, kollidiert mit dem Randstein und fährt in den Straßengraben. Beim Aufprall stößt das Lenkrad gegen seinen Brustkorb, woraufhin er einige Minuten benommen sitzen bleibt. Plötzlich hört er ein herannahendes Motorengeräusch. Er rennt über die Felder, wirft seinen MP-Gürtel und sein leeres Holster weg. Ungefähr nach zwei Kilometern kommt Russel J. an einer Feldscheune vorbei. Auf dem Dachboden legt er sich hin. Er ist vollkommen erschöpft und schläft sofort ein.

FAHNDUNG UND FESTNAHME Via Rundspruch werden alle Polizeidienststellen um 3.50 Uhr informiert. Die Mordkommission des Polizeipräsidiums Stuttgart sichert die Tatorte und verständigt die Militärpolizei sowie das Criminal Investigation Department (CID). Als sie den Jeep entdecken, kommt es zu einer groß angelegten Fahndungsaktion unter Einbeziehung der Landespolizei Nordwürttemberg, der amerikanischen Militärpolizei und des Polizeipräsidiums Stuttgart. Mehrere hundert Uniformierte durchkämmen erfolglos die Gegend rund um den Auffindeort des Fahrzeugs.

Sergeant Foster fahndet bereits seit den frühen Morgenstunden mit zwei Kollegen in seinem Jeep im Großraum Ludwigsburg nach J. Im Fahrzeug hat er eine Personenbeschreibung und ein Fahndungsbild des Gesuchten. Gegen 11.30 Uhr fährt Foster zurück zur Dienststelle nach Stuttgart. In der Ortsmitte von Möglingen fällt ihm ein junger amerikanischer Soldat auf.

Die Beschreibung passt. Auf die Frage: »Wie heißen Sie?«, erhält er die Antwort: »Russel J.« Der Angesprochene lässt sich widerstandslos festnehmen. Die Hände auf dem Rücken gefesselt, wird er zum Pragfriedhof gefahren und in der Leichenhalle seinen Opfern gegenübergestellt. Anschließend legt er ein umfassendes Geständnis ab.

DAS URTEIL Am Montag, 22. August 1949, um 13.30 Uhr beginnt vor dem Kriegsgericht in Ludwigsburg die Verhandlung gegen Russel J. wegen dreifachen Mordes und weiterer Straftaten. Den Vorsitz führt Colonel Johnson mit acht Beisitzern, die Anklage vertritt Major Baker. Russel J. erhält einen zivilen und einen militärischen Verteidiger. In Bezug auf die Frage, ob J. zur Tatzeit zurechnungsfähig war oder nicht, stehen sich die Parteien durch ihre Gutachten erbittert gegenüber. Insgesamt neun Gutachten werden im Laufe des Prozesses erstellt. Fünf Gutachter bezeichnen den Angeklagten als unzurechnungsfähigen Psychopathen, vier Gutachter halten ihn für voll zurechnungsfähig. Am 9. September 1949 wird Russel J. wegen dreifachen Mordes, versuchter Notzucht, Bedrohung unter Waffengewalt, Missbrauch von militärischem Eigentum sowie Raub und Trunkenheit in Uniform zu lebenslänglichem Zuchthaus verurteilt. Ohne Regung nimmt J. das Urteil entgegen. Vom Militärgefängnis in Ludwigsburg, wo er in Untersuchungshaft einsaß, wird er in das amerikanische Militärgefängnis in Mannheim eingeliefert. Im Juni 1950 bestätigt das höchste amerikanische Armeegericht das Urteil.

Der sichergestellte Jeep mit Beschädigungen am rechten Vorderrad

WILDWEST IM KINO – UND NOCH EIN MORD

Stuttgart, 27. Dezember 1949, 21.27 Uhr: In den TOBI-Lichtspielen in der Eberhardstraße läuft gerade die letzte Vorstellung des Jahres, der Wildwestfilm »Arizona«. Während auf der Leinwand die siegreichen Truppen der Nordstaaten in Arizona einziehen, fallen ein paar Meter weiter, im Büro des Geschäftsführers, echte Schüsse aus dem realen Leben und beenden das Leben des 50-jährigen Richard Dölker. Die Kriminalisten der Stuttgarter Mordkommission machen sich an die Arbeit und klären dabei sogar noch einen weiteren Fall: Im Zuge der aufwändigen und langwierigen Ermittlungen stoßen sie auf einen Mord aus dem Jahre 1945 in Solingen, bei dem auf dem Gelände einer Baumschule ein Polizist erschlagen wurde. Obwohl außer einem Blatt Papier keine Akten vorhanden sind, wird auch dieser Mordfall aufgeklärt.

DIENSTAG, 27. DEZEMBER 1949: DAS OPFER RICHARD DÖLKER Richard Dölker schaut auf die Uhr: Es ist 20.30 Uhr, die letzte Vorstellung in den TOBI-Lichtspielen hat gerade begonnen. Der Geschäftsführer sitzt in seinem Büro, in unmittelbarer Nähe des Notausgangs aus dem Kinosaal. Seine Bürotür ist angelehnt, um den Geräuschpegel zu dämpfen. Mit dem Kartenverkauf ist er hochzufrieden, gut gelaunt beginnt er mit der Tagesabrechnung. 862 verkaufte Karten, 860,40 Mark Tageseinnahmen. Normalerweise kommen nur etwa 300 Besucher. Dölker wundert sich, dass die Leute vom Krieg und Schießen nicht genug haben, man muss sich ja nur die Trümmerstadt anschauen, in die dieser Wahnsinnskrieg Stuttgart verwandelt hat. Ihn selbst hat der Zweite Weltkrieg, aus dem er desillusioniert und ohne Arbeit heimgekommen ist, den rechten Arm gekostet. Lediglich ein Stummel im Schulteransatz ist ihm geblieben.

Seine erste Frau, Frieda Dieterle, die er 1920 geheiratet hat, ist die Besitzerin der TOBI-Lichtspiele. Den Beruf als Postassistent hat er damals aufgegeben. Die Ehe ging nicht gut, und acht Jahre später erfolgte die Scheidung. Dölker heiratete daraufhin eine andere Frau. Nach dem Krieg eröffnet Frieda Dieterle ihr Kino in der Eberhardstraße erneut und stellt ihren inzwischen verwitweten Ex-Mann als Geschäftsführer ein. Dölker wohnt im Haus seiner geschiedenen Frau und hat von ihr auch alle geschäftlichen Vollmachten. Allerdings ist das Arbeitsverhältnis der beiden nicht das Beste. Frieda Dieterle bezeichnet ihren Ex-Mann als faul, was immer wieder zu heftigen Streitereien führt. Da ihre kaufmännischen Fähigkeiten jedoch äußerst begrenzt sind, braucht sie seine Hilfe im geschäftlichen Bereich dringend. Dölker trinkt viel und oft, verkehrt im Altstadtmilieu, mischt auf dem Schwarzmarkt mit und unterschlägt Einnahmen aus dem Kinogeschäft. Bereits 1945/46 wurden Fehlbeträge von 4700 Mark festgestellt. Dieterle entlässt Dölker trotzdem nicht, man einigt sich privatrechtlich.

Dölker zählt mit seiner verbliebenen linken Hand die Geldscheine. Gestern hatte er einen Riesenkrach mit seiner Ex-Frau. Sie drohte ihm an, ab dem 1. Januar eine doppelte Buchführung einzuführen. »Dir traue ich keinen Meter mehr«, hat sie ihn angefaucht. Um die Fehlbestände auszugleichen und die dringendsten Schulden begleichen zu können, musste er schon im Juli 1949 bei der Girokasse einen Kredit aufnehmen. Vor der Währungsreform liefen die Geschäfte mit Zigaretten, Whisky und sonstigen Genussmitteln ganz gut, sein Büro ist ein beliebter Treffpunkt diverser Schwarzhändler. Aber die wechselnden Freundinnen und die fast täglichen Wirtshausbesuche gehen eben doch arg ins Geld. Inzwischen weist die Kasse einen Fehlbestand von über 8 800 Mark auf.

Dölker spielt schon lange mit dem Gedanken, selbst in das Filmgeschäft einzusteigen und sich von seiner streitsüchtigen Ex-Frau zu lösen. Um 21 Uhr greift er zum Telefonhörer und ruft den Besitzer des U'Kinos Jörg Schmierer an, um ihn über den finanziellen Erfolg des Wildwest-Films, der auch im U'Kino vorgesehen ist, zu unterrichten. Das Gespräch dauert ungefähr fünf Minuten.

Etwa zehn Minuten später, gegen 21.15 Uhr, kommt die Stenotypistin Simone Pfau, Dölkers intime Freundin, an den Hinterausgang der TOBI-Lichtspiele in der Geißstraße und ruft ihn mit einem verabredeten Pfeifsignal zu sich. Sie erzählt ihm, dass sie einen Film in einem anderen Kino, den Kammer-Lichtspielen, anschauen wolle und sie deshalb einen Treffpunkt nach dem Kino ausmachen müssten. Um 21:18 Uhr trifft Pfau dann in den Kammer-Lichtspielen in der Marienstraße ein. Dölker kehrt nach dem etwa einminütigen Gespräch wieder in sein Büro zurück, um die Abrechnung der Tageskasse zu beenden.

21.25 Uhr: Dölker sitzt hinter seinem Schreibtisch und zählt weiter das Geld, als plötzlich jemand mehrmals heftig die Türklinke an seiner Bürotür vom Vorraum des Kinos mehrmals

Haupteingang der TOBI-Lichtspiele in der Eberhardstraße

Hinterausgang der TOBI-Lichtspiele und Fluchtweg des Täters

heftig nach unten drückt. Sekunden später taucht ein Mann vor Dölker auf, unter dem linken Arm eine Aktentasche und in der rechten Hand eine Pistole, die auf ihn gerichtet ist. Dölker, mit einem Geldbündel in der linken Hand, steht auf, geht um den Schreibtisch herum und läuft auf den Unbekannten zu. Als er den Eindringling fast erreicht, fallen in unmittelbarer Folge drei Schüsse – Schüsse, die sein Leben beenden.

Um 21.40 Uhr klingelt das Telefon von Kriminaloberkommissar Eugen Vogel. Er ist Leiter der Mordkommission A und stellvertretender Leiter des Dezernats 1 des Polizeipräsidiums Stuttgart. Kriminalpolizeimeister Schauer, diensthabender Chef der Kriminalwache, schildert Vogel kurz den Sachverhalt. Vogel veranlasst den Einsatz der gesamten Mordkommission. Als er selbst um 22.05 Uhr in der Eberhardstraße eintrifft, ist der Tatort durch Beamte des 1. Polizeireviers bereits weiträumig abgesperrt. Vor dem Kino kommt es zu einem Menschenauflauf. Wild gestikulierend stehen fast hundert Personen vor dem Kino. Ein Streifenfahrzeug bringt zwei Ärzte zum Tatort. Da zwei anwesende Zeugen aussagen, dass sie den Mörder gesehen haben und ihn wiedererkennen würden, startet sofort die Fahndung nach dem Täter. Die Polizisten fahren mit den Zeugen in einem Streifenwagen durch die Innenstadt. Die nähere Umgebung und der vermeintliche Fluchtweg des Täters werden ergebnislos abgesucht. Kriminaloberkommissar Frey, Leiter der Mordkommission B und Chef des Dezernats 1, wird ebenfalls alarmiert, eilt zum Tatort und koordiniert sämtliche Fahndungsmaßnahmen. Parallel laufen die Vernehmungen der Kinobesucher, Mitarbeiter und sonstiger Zeugen. Vogel führt eine akribische Tatbestandsaufnahme durch und veranlasst die informatorische Anhörung aller anwesenden Tatzeugen.

Bild oben: Maßstabsgetreue Skizze des Tatorts mit komplettem Spurenbild
Bild unten: Lage des ermordeten Opfers beim Eintreffen der Mordkommission

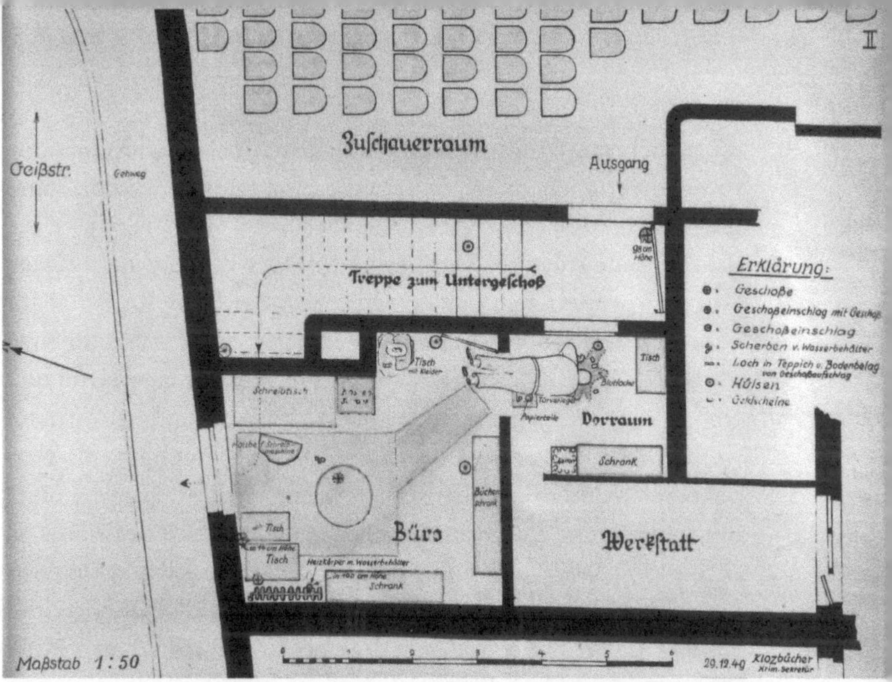
II
Zuschauerraum
Ausgang
Geißstr.
Gehweg
98 cm Höhe
Treppe zum Untergeschoß
Erklärung:
Geschoße
Geschoßeinschlag mit Geschoß
Geschoßeinschlag
Scherben v. Wasserbehälter
Loch in Teppich u. Bodenbelag von Geschoßaufschlag
Hülsen
Geldscheine
Tisch mit Kleider
Tisch
Blutlache
Türvorleger
Papierteile
Vorraum
Schreibtisch
Schrank
Büro
Werkstatt
Bücherschrank
Tisch
Tisch
Heizkörper m. Wasserbehälter
in 100 cm Höhe
Schrank
Maßstab 1:50
0 1 2 3 4 5 6
29.12.49
Klozbücher
Krim.-Sekretär

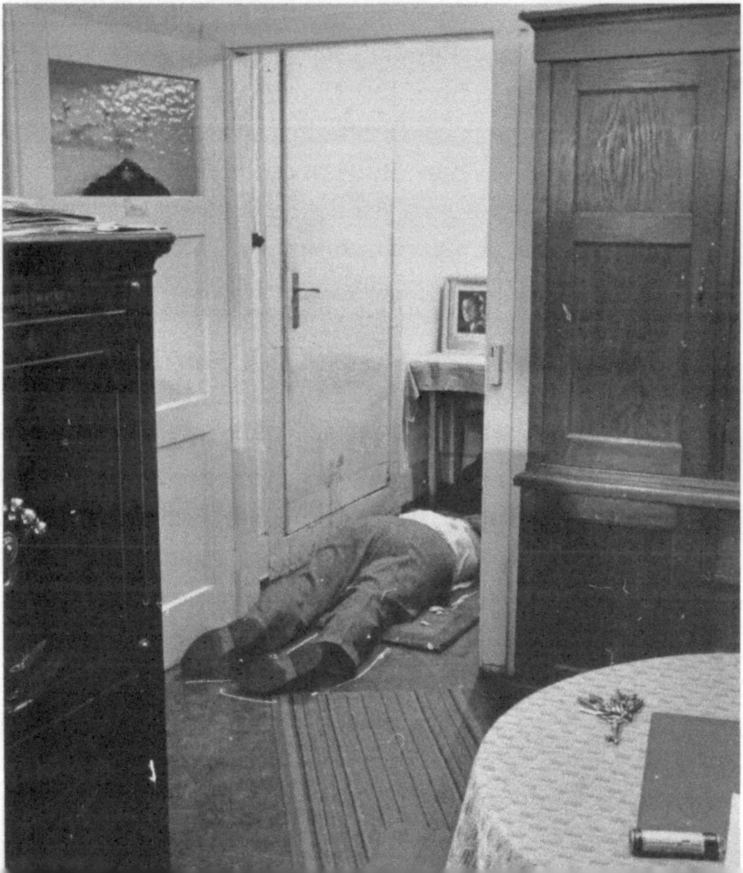

Auch die Kriminaltechniker arbeiten auf Hochtouren: Sie fotografieren den Tatort, sichern die Hülsen und Geschosse und fertigen Skizzen vom Tatort an. Detailliert dokumentieren sie die Auffindesituation: Die Leiche Dölkers liegt auf dem Bauch teils im Vorraum, teils noch im Büroraum mit dem Kopf zur Tür gerichtet. Der Kopf liegt auf der rechten Gesichtshälfte in einer ausgedehnten Blutlache. Dölker ist mit einer langen Hose und einem beigefarbenen Hemd bekleidet. Im Büro und im Vorraum werden drei Hülsen und drei Geschosse sichergestellt, im Treppenbereich und in der Geißstraße, wohin der Kinoausgang führt, drei Hülsen und zwei Geschosse. Der Schreibtisch des Büros ist aufgeräumt. Die Tageseinnahmen sind nach wie vor vorhanden. Unter dem Oberkörper des Opfers in unmittelbarer Nähe des Kopfes und teilweise unter dem linken Oberarm werden insgesamt zehn Ein-Mark-Scheine sichergestellt.

Noch in der Tatnacht wird der Gerichtsmediziner Dr. Schreck zum Tatort geholt, um eine eingehende Leichenbesichtigung durchzuführen. Die Untersuchung der Kleidungsstücke des Opfers durch die Kriminaltechnische Untersuchungsanstalt des Polizeipräsidiums Stuttgart ergibt, dass Dölker durch Nahschüsse ermordet wurde. Bei der Schusswaffenbestimmung wird zweifelsfrei als Tatwaffe eine Pistole des Fabrikats »Sauer & Sohn«, Modell H Kaliber 7.65 mm festgestellt.

DIENSTAG, 27. DEZEMBER 1949: DIE ERSTEN ZEUGEN
Christian Baierle, ein 46-jähriger Stuttgarter Küfer, hat um 20.30 Uhr seine Eintrittskarte für den Film »Arizona« gekauft und setzt sich auf einen Klappsitz im ersten Parkett der TOBI-Lichtspiele. Direkt rechts neben ihm befindet sich der Ausgang, von dem aus man über eine Treppe das Kino in Richtung Geißstraße verlassen kann. Die Tür steht offen, allerdings ist sie mit einem schwarzen Vorhang verhängt. Der Vorhang ist seitlich etwa 20 Zentimeter geöffnet, wodurch Baierle von seinem Sitzplatz

aus in den Vorraum schauen kann. Während der Kinovorstellung lenkt ein Rütteln an der Klinke der Tür, die über den Vorraum in das Büro des Kinos führt, Baierle vom Film ab. Zwischen seinem Sitzplatz und der Bürotür liegen höchstens zwei Meter. Plötzlich sieht er einen Mann rückwärts aus dieser Tür kommen und hinuntergehen. Die Türe ist ungefähr ein Drittel geöffnet. Unter der Tür stehend gibt der Mann in rascher Folge zwei Schüsse ab und flüchtet über die Treppe in den Hof. Baierle läuft ihm hinterher und schreit: »Was ist hier los?« Als der Flüchtende die Biegung der Treppe erreicht, dreht er sich um und feuert auf seinen Verfolger. Dann rennt der Täter weiter. Baierle erreicht die Treppenbiegung und wird abermals beschossen. Als er – zum Glück unverletzt – in den Hof kommt, ist der Täter bereits verschwunden.

Fluchtweg des Täters von der Geißstraße in die Eberhardstraße

Die Platzanweiserin Maria Papodou sieht den Täter in dem Augenblick, als er, mit einer Pistole in der Hand, die Treppe abwärts rennt, sich plötzlich umdreht und schießt. Papodou bringt sich in Sicherheit.

Unmittelbar nach Eintreffen der Mordkommission am Tatort meldet sich ein Herbert Fleischer, der angibt, sofort nach den Schüssen über den Notausgang geflüchtet und vom Täter beschossen worden zu sein. Seine Personenbeschreibung ist so detailliert, dass sich beim Vergleichen mit erkennungsdienstlichen Karteien ein dringender Tatverdacht gegen den 20-jährigen Otto Dunkel richtet. Auch seine beiden Begleiter, die ebenfalls in der Stuttgarter Altstadt verkehren, werden durch Zeugenaussagen und Lichtbildvorlagen schnell identifiziert.

MITTWOCH, 28. DEZEMBER 1949: DIE ERSTEN VERDÄCHTIGEN Nach diesem Ermittlungsstand wird gegen Mitternacht eine Großfahndung nach den Verdächtigen ausgelöst. Sämtliche Stuttgarter Polizeireviere werden via Rundspruch von der Tat unterrichtet und in die Fahndung einbezogen. Durch Fernschreiben an alle Polizeidienststellen im Bundesgebiet wird die Fahndung nach Dunkel sogar bundesweit ausgedehnt. Ein Überfallkommando, Streifenkommandos und Fahrzeuge der Kriminalpolizei bestreifen die Aufenthaltsorte der mutmaßlichen Täter. Kurz nach Mitternacht werden Dunkel und seine zwei Kumpanen festgenommen. Es erfolgt die sofortige erkennungsdienstliche Behandlung, ihre Kleider und Schuhe werden sichergestellt, der Gerichtsmediziner Dr. Schreck untersucht die Männer nach Spuren und Verletzungen, insbesondere nach Fingernagelschmutz. Alle Maßnahmen verlaufen ergebnislos.

Um 2 Uhr kommt es zur Gegenüberstellung mit dem Tatzeugen Fleischer. Dieser erklärt, dass es sich bei Dunkel mit Sicherheit um diejenige Person handle, die aus dem Kino geflüchtet sei und auf ihn geschossen habe: »Ein Irrtum ist ausgeschlossen.«

Dunkel und seine zwei Freunde geben an, dass sie mit der Tat nichts zu tun hätten und nur an den Lichtspielen vorbeigegangen wären, das Kino aber nicht betreten hätten: »Wir haben nach einer günstigen Gelegenheit für einen Einbruch in ein Goldwarengeschäft in der Stadtmitte Ausschau gehalten, aber mit dem Mord haben wir nichts zu tun.«

DONNERSTAG, 29. DEZEMBER 1949: NEUE SPUREN – DER SCHAL Am 29. Dezember wird eine erneute Gegenüberstellung mit mehreren Vergleichspersonen durchgeführt. Fleischer erklärt abermals, dass Dunkel der Täter sei. Am 30. Dezember erfolgt nochmals eine eingehende Befragung des Zeugen Fleischer. Nun gibt Fleischer zu, dass er sich die Sache zusammenkombiniert hat. Er selbst sei erst später die Treppe heruntergekommen. Da er sich als Kinobesucher in unmittelbarer Tatortnähe befunden habe, habe er die Schilderung von Baierle mit angehört und sich, als er seinen Kumpel Dunkel vor dem Kino stehen gesehen habe, die Geschichte dann passend zusammengereimt.

Bei der Sektion des Ermordeten in den Vormittagsstunden des 29. Dezember stellt Medizinalrat Dr. Schreck fest, dass ein Geschoss in die rechte Brustseite eingedrungen ist. Einen weiteren Durchschuss entdeckt er in der Lunge und der dritte, sofort tödliche Schuss, ist in den Schädel Dölkers eingeschlagen. Anhand der Pulverschmauchbildung steht fest, dass alle drei Schüsse in unmittelbarer Nähe des Opfers erfolgt sind.

An diesem Donnerstag meldet sich bei der Mordkommission eine weitere Zeugin. Ida Jung ist tags zuvor von einem Krankenbesuch in der Veronika-Klinik nach Hause gekommen und erfuhr von einem Hausmitbewohner, dass am Dienstagabend in den TOBI-Lichtspielen ein Mann erschossen wurde. Ida Jung bemerkt, dass sie zur besagten Zeit in der Nähe gewesen ist. Noch in den Abendstunden geht sie zur Kriminalwache in die Christophstraße und schildert ihre Erlebnisse: Sie hat in der

Tatnacht gegen 21 Uhr eine Bekannte von ihrer Wohnung in der Weberstraße zur Straßenbahnhaltestelle am Wilhelmsbau begleitet. Jung erzählt den Beamten, wie sie auf dem Rückweg auf dem rechten Gehweg der Eberhardstraße in Richtung Breuninger lief und plötzlich einen peitschenartigen Knall hörte. Kurz darauf, so Jung, sah sie einen Mann den Eberhardsbuckel heraufhetzen und über die Eberhardstraße davonrennen. Auffallend sei gewesen, dass sich sein um den Hals geschlungener Schal immer weiter löste und an der Ecke Eberhardstraße/Färberstraße zu Boden fiel. Jung berichtet, dass sie den Mann durch ein lautes »Hallo« auf den Verlust aufmerksam machte, dieser aber nicht reagierte und in Richtung Torstraße davonlief. Die Zeugin überreicht den verlorenen Schal an die Polizei, die das Beweismittel sicherstellt:

»Bei dem Schal handelt es sich um einen karierten Wollschal, der am Rande mit einem Kurbelstich eingefasst ist. Es ist ein annähernd fabrikneuer Zellwollschal mit Körperbindung, leicht angeraut, Schottenmuster, weinrotblau kariert, 1 Zentimeter große Blockkaros, 11:12 Zentimeter große Überkaros, hellgrau-orangener Farbe, grauer Kappnaht, Enden ausgefranst, Stapelqualität, Konsumpreis circa 3,50–4,50 DM.«

Die Personenbeschreibung der Zeugin Jung und der übrigen Tatzeugen ergibt trotz unterschiedlicher Erinnerungen ungefähr folgendes Personenraster:

»Dunkelblondes, dichtes zurückgekämmtes Kopfhaar, circa 1,65–1,68 Meter, dunkelgrauer Mantel oder Dunkel Trenchcoat, circa 20–26 Jahre alt, schmales bleiches Gesicht, Aktenmappe unter dem Arm, normale Figur.«

Radio Stuttgart, die Stuttgarter Tagespresse und die größeren Nachrichtenagenturen erhalten laufend von der Mordkommis-

Fahndungsbild des auffälligen, während der Flucht verlorenen Schals des Täters

sion bis 31. Dezember die Fahndungserkenntnisse zur Tat und die Personenbeschreibung. Der Fahndungsaufruf erreicht sämtliche Dienststellen der Landespolizei mit der Bitte um Mithilfe.

SAMSTAG, 31. DEZEMBER 1949: EIN MISSGLÜCKTER EINBRUCH IN OBERAICHEN Am letzten Tag des Jahres 1949 ist die Mordkommission trotz ununterbrochener Ermittlungen und der Vernehmung von 32 Kinobesuchern und sonstigen Personen des engeren Umfelds des Ermordeten, insbesondere im kriminellen Altstadtmilieu, noch keinen entscheidenden Schritt weiter. Die Ermittlungsrichtung verdichtet sich zwar aufgrund der Tatortsituation in Richtung Raubüberfall, aber eine präzise Abgrenzung des Tatmotivs aufgrund der Schwarzhandelsgeschäfte des Opfers und seiner Verbindungen in das Rotlichtmilieu ist zu diesem Zeitpunkt nicht möglich.

Genau an diesem Tag werden von der Böblinger Kriminalpolizei zwei Polen ermittelt, die in der Nacht zuvor auf einem Bauernhof in Oberaichen ein Schwein stehlen wollten. Da der resolute Bauer den Diebstahl mithilfe eines Beils vereitelte, mussten der schwer am Kopf verletzte Pole Kwiatkowski und sein Kumpan blutüberströmt in das DP-Lager nach Böblingen fliehen. Notdürftig von seiner Frau versorgt wird Kwiatkowski am Morgen danach in das Krankenhaus Böblingen gebracht, in dem seine Festnahme erfolgt. Seinen Mittäter Pioter M., einen 35-jährigen Polen, nimmt die Polizei am ersten Tag des neuen Jahres 1950 in seinem Stuttgarter Zimmer in der Breitscheidstraße fest. Am 3. Januar erlässt das amerikanische Militärgericht Haftbefehl gegen Pioter M. wegen des Verdachts, an dem Einbruchsversuch in Oberaichen beteiligt gewesen zu sein.

SONNTAG, 1. JANUAR 1950: PIOTER M. GERÄT INS VISIER
Dem Fallsachbearbeiter der Kripo Böblingen fällt auf, dass die Personenbeschreibung in der Mordsache Dölker, die seit einem Tag bei der Dienststelle liegt, mit der des festgenommenen Einbrechers Pioter M. teilweise übereinstimmt. M. trägt nämlich bei seiner Festnahme einen ähnlichen Mantel und ist bei der Kripo Böblingen als Täter bereits erkennungsdienstlich behandelt. Seine Beobachtung meldet der Böblinger Beamte an Kriminalmeister Christer von der Landespolizei, Kriminalhauptstelle Stuttgart. Dieser wiederum informiert den Leiter der Dienststelle 1 in Stuttgart, Kriminal-Inspektor Frey, und teilt diesem den Verdacht zunächst telefonisch mit. Es wird vereinbart, dass Christer bei seinen Vernehmungen zu dem vereitelten Raub in Oberaichen verdeckt das Alibi des M. für die Tatnacht des Überfalls auf das Kino überprüfen soll. Die von Pioter M. vorgebrachte Behauptung, in der Mordnacht zu Hause in seinem Zimmer gewesen zu sein, bleibt unbewiesen: Seine Wohnungs-

geberin in der Breitscheidstraße und weitere dort untergebrachte Mieter bestätigen das Alibi nicht.

MITTWOCH, 11. JANUAR 1950: VERDACHTSMOMENTE
Obwohl der Tatverdacht gegen M. Anfang des Jahres 1950 nicht dringend ist, wird er aufgrund seines löchrigen Alibis am 11. Januar im Amtsgerichtsgefängnis Böblingen, in dem er in Untersuchungshaft wegen des Diebstahlsversuchs in Oberaichen sitzt, durch Kriminalpolizeimeister Geiger von der Stuttgarter Mordkommission vernommen. Pioter M. gibt an, dass er am Tattag morgens um 7 Uhr in seinem Zimmer in der Breitscheidstraße aufgestanden und zum Bauunternehmer Frankfurter gegangen sei, um nach Arbeit zu fragen. Dort, so Pioter M., habe er Kwiatkowski getroffen und mit diesem den ganzen Tag weiter nach Arbeit gesucht. Nach 18 Uhr sei er in Richtung Bahnhof gelaufen, wo er eine alte Freundin getroffen und sich mit dieser kurz unterhalten habe. Dann habe er beim Roten Kreuz im Hauptbahnhof zu Abend gegessen und anschließend sein Zimmer wieder aufgesucht, in dem er gegen 21 Uhr angekommen und sofort zu Bett gegangen sei.

Die Spur rund um den Verdächtigen Pioter M. führt immer mehr zu dem DP-Lager in Böblingen. M., der sich im Dunstkreis des Lagers Böblingen des Öfteren bei seinem Freund Kwiatkowski aufhielt und dort eine intime Beziehung zu der verheirateten Polin Katharina Laschek unterhält, gerät immer stärker in Verdacht. Dunia Kwiatkowski bestätigt, dass Pioter M. zusammen mit ihrem Mann in der Nacht vom 30. auf den 31. Dezember in ihrer Wohnung erschienen sei und einen hellen blutbefleckten Mantel mitgebracht habe, mit der Bitte, diesen zu reinigen und niemandem zu sagen, dass Pioter den Mantel angehabt hätte, da man ihn sonst einsperren würde. Seine Freundin Laschek habe den Mantel am 31. Dezember im Lager Böblingen in einem Waschzuber gewaschen und im Freien zum Trocknen aufgehängt.

DONNERSTAG, 19. JANUAR 1950: DER ZEUGE JAKUB NOVAK
Am Tag 24 nach dem Mord an Dölker kommt der entscheidende Hinweis. Am Vormittag des 19. Januar meldet sich der Pole Jakub Novak bei der Kriminalaußenstelle Gaisburg. Nachdem in den Zeitungen der Schal des mutmaßlichen Täters veröffentlicht wurde, möchte Novak nähere Angaben zu dem Fall machen. Kriminalpolizeimeister Hildenbrand von der Mordkommission vernimmt Novak und zeigt ihm das Kleidungsstück. Novak erklärt, dass der Schal einem Polen namens Pioter M. gehöre. M. sei ein guter Bekannter von ihm. Kennengelernt haben sie sich 1947 im DP-Lager Flandernkaserne in Stuttgart. Novak schildert den weiteren Verlauf der Bekanntschaft: Anfang 1948 wird er in das Lager Böblingen eingewiesen und trifft dort wieder auf M. Novak ist im Lager nur registriert, tatsächlich wohnt er bei seiner Freundin Thiel in Stuttgart. Gemeinsam gehen die beiden Männer auf Diebestour. Im Januar 1949 wird Novak wegen mehrerer Einbrüche vom amerikanischen Militärgericht zu fünf Jahren Gefängnis verurteilt und in das Gefängnis Ludwigsburg eingeliefert. Seinen damaligen Kumpel Pioter M. verrät er nicht.

Währenddessen sitzt M. bereits in der Landesstrafanstalt Ludwigsburg in einer Zellenbaracke mit weiteren 26 Häftlingen. Seinem Kumpel Novak erklärt er, welche Überfälle er nach seiner Entlassung plant. Es ist die Rede vom Überfall auf ein Kino in Stuttgart, in dem der Geschäftsführer immer nach Kinoschluss mit einer dicken Geldtasche weggehen würde. Auch in eine Gärtnerei könnten sie einbrechen, meinte M., da dort viel Geld wäre. Außerdem, erzählt Novak weiter, wisse er, dass Pioter M. im Besitz von zwei Pistolen sei. Im Juli 1949 hat Pioter M. seine Strafe abgesessen, die Wege trennen sich. Obwohl M. seinen DP-Status verloren hat, kehrt er wieder in das DP-Lager nach Böblingen zurück. Wegen seines Verhältnisses zur verheirateten Katharina Laschek wird er aus dem Lager ausgewiesen.

Novak wird am 23. Dezember 1949 von den amerikanischen Behörden »auf Parole« entlassen.

Bereits am zweiten Weihnachtsfeiertag des Jahres 1949, berichtet Novak, hätten ihn Pioter M. und Kwiatkowski in seinem Zimmer in der Rotenbergstraße in Stuttgart aufgesucht. Dort, bei seiner Braut, wohnt er seit der Haftentlassung. Sie hätten versucht, ihren alten Kumpel wieder zu Straftaten zu überreden. Die treibende Kraft sei M. gewesen. Seine Braut habe den beiden zu verstehen gegeben, dass Novak nicht zu Hause sei, und sie fortgeschickt. Am nächsten Tag, dem 27. Dezember, sei Kwiatkowski wiedergekommen, habe Novak Arbeit bei dem Bauunternehmer Frankfurter für den nächsten Tag versprochen und ihn zu einem dringend von Pioter M. erwarteten Treffen gegen 18 Uhr vor dem Bunkerkino am Hindenburgbau überredet. Zusammen mit seiner Freundin Hannelore Thiel sei er, Novak, dann um 18.30 Uhr am verabredeten Treffpunkt aufgetaucht. M. sei missmutig gewesen, da Novak seine Freundin mitgebracht habe.

In der hinter dem Königsbau gelegenen Kneipe Posthörnle trinken sie mehrere Gläser Bier. In polnischer Sprache, denn die Freundin soll ja nichts mitbekommen, versucht M., Novak zu einem Überfall auf ein Kino zu überreden. »Es ist eine todsichere Sache«, führt er aus und bittet Novak, sich das Tatobjekt mit ihm zusammen anzusehen. M. kauft noch eine Flasche Schnaps, zusammen verlassen sie das Lokal und gehen zu dritt die Königstraße aufwärts. Immer wieder versucht M. in Polnisch, Novak zu überreden, an dem Überfall auf das Kino mitzumachen. »Du hast heute Abend viel Geld und dann brauchst du morgen nicht mehr bei Frankfurter als Bauarbeiter schuften und Ruine aufräumen«, raunt Pioter M. ihm zu. Novak, der auf Bewährung aus dem Gefängnis entlassen ist und eine deutsche Freundin hat, bei der er wohnen kann, hat genug von den krummen Touren. Er sehnt sich nach Arbeit und einem normalen Leben. Er lehnt trotz heftigem Drängen immer wieder ab. M. startet einen letzten

Versuch. »Deine Freundin hat, während du in Ludwigsburg im Gefängnis warst, mit mehreren anderen Männern herumgevögelt. Auf die kannst du dich nicht verlassen.« Aber Novak gibt nicht nach. Den genauen Zeitpunkt der Trennung weiß er allerdings nicht mehr. Es muss gegen 21 Uhr gewesen sein, als Novak zusammen mit Hannelore Thiel am Hauptbahnhof in die Linie 26 der Straßenbahn einsteigt und zu Thiels Wohnung in den Stuttgarter Westen fährt.

Am nächsten Morgen, am 28. Dezember, geht Novak zusammen mit seiner Freundin, die ihn unterstützen möchte, zum Bauunternehmer Frankfurter, der allerdings noch schläft. Kwiatkowski arbeitet bereits. Gemeinsam gehen sie zur Baustelle in die Silberburgstraße, wo sie beim Schuhmacher Hämmerle die Ruine von Schutt frei räumen sollen. M. ist schon da. Novak fällt auf, dass Pioter M. aufgeregt und fahrig wirkt. Dann, als sie zusammen stehen, gesteht M.: »Ich habe bei dem Kinoüberfall schießen müssen, da es mit dem Mann im Büro Streit gegeben hat, der wollte auf mich los. Ich muss fort, und zwar so schnell es geht, ich wandere aus nach Schweden.« Novak ist sich sicher, dass sein ehemaliger Komplize in den Tagen bei Frankfurter in der Hosentasche eine Pistole bei sich trug.

An Silvester, so Novak, sei Pioter M. wieder ganz aufgeregt zur Arbeit gekommen und habe ihm mitgeteilt, dass er nicht arbeiten könne. Er habe erzählt, dass letzte Nacht, als sie bei einem Bauern ein Schwein stehlen wollten, Kwiatkowski von dem Bauern mit einer Axt schwer verletzt worden sei. »Der Bauer hat schwer Glück gehabt, dass ich meine Pistole nicht dabei hatte«, habe der sichtlich aufgekratzte M. bemerkt.

HAFTSTRAFEN Am 5. Februar 1950 verurteilt das amerikanische Militärgericht Pioter M. wegen versuchten Einbruchdiebstahls zu fünf Monaten Gefängnis. Bereits am 25. April, nach Verbüßung von drei Viertel der Strafe, wird er entlassen. Am darauffolgenden Tag verurteilt ihn das amerikanische Militärgericht wegen weiterer inzwischen zur Anklage gebrachter Einbrüche erneut zu 15 Monaten Zuchthaus.

Er sitzt zunächst im Archivgefängnis in Stuttgart seine Strafe ab. Von dort wird er mehrfach an die Kripo überstellt, der er im Polizeigefängnis Silber in der Dorotheenstraße für Vernehmungen und Gegenüberstellungen bereitsteht. Im Vernehmungszeitraum Januar bis November 1950 tritt Pioter M. zweimal in den Hungerstreik. Er beschuldigt die vernehmenden Beamten der Mordkommission, ihm das Wort im Munde umzudrehen. Bei seinem zweiten Hungerstreik bricht er während der Vernehmung vor Schwäche zusammen und muss in das Gefängniskrankenhaus auf den Hohenasperg verlegt werden. Bezeichnend ist, dass Pioter M. den zweiten Hungerstreik in dem Moment ausweitet, in dem er sich immer tiefer in Widersprüche verwickelt.

Während der Vernehmungen, als Kriminalpolizeiwachtmeister Geiger die persönlichen Gegenstände von Pioter M. durchsucht, fällt dem Polizisten ein Zettel auf, auf dem verschiedene Ortschaften in Deutschland, Dänemark und Schweden verzeichnet sind. Auffallend ist eine handgezeichnete Skizze, auf welcher der Weg von Lübeck über Dänemark nach Schweden eingezeichnet ist. Eine Frau, deren Name als Kontaktadresse auf der Skizze notiert steht, kann nicht ermittelt werden, da sie bereits nach Island ausgewandert ist. Pioter M. leugnet beharrlich, den Zettel zu kennen und mit dem Mord an Dölker etwas zu tun zu haben. Bereitwillig gibt er in der letzten Gerichtsverhandlung sämtliche ihm vorgeworfenen Einbrüche zu. Aber immer neue Alibizeugen, die ihn in der Tatnacht gesehen haben sollen, müssen aufwändig überprüft werden. Da sie größtenteils in DP-Lagern, verstreut in der ganzen Bundesrepublik, untergebracht sind, und aus seinem kriminellen Umfeld stammen, müssen mühselig die Aufenthaltsorte ermittelt werden. Viele dieser angeblichen Zeugen sitzen in den verschiedensten Strafanstalten ein, deshalb werden Fahndungsplakate mit dem Bild Pioter M.s an alle Hafteinrichtungen im Bundesgebiet versandt.

DIENSTAG, 13. JUNI 1950: VERNEHMUNG DURCH DEN CID
Kriminaloberkommissar Vogel und Kriminalwachtmeister Geiger fahren am Dienstag, 13. Juni 1950, zur amerikanischen Staatsanwaltschaft in das Hotel Graf Zeppelin, den Amtssitz der Behörde. Die Staatsanwältin, Miss Anderson, nimmt Verbindung mit dem Criminal Investigation Department (CID) auf und weist die amerikanische Kripo an, Pioter M. zu vernehmen, da es sich bei ihm um eine DP handle, wichtige Zeugen ebenfalls DPs seien und in Lagern wohnten. Noch am gleichen Nachmittag sagt Mr. Warren, stellvertretender Chef der CID, Unterstützung zu. Zunächst wird Pioter M. im amerikanischen Gefängnis in der Weimarstraße 20 im Beisein der deutschen Beamten vernommen. Anschließend vernehmen ihn zwei CID-Beamte alleine. M. leugnet und streitet alles ab. Mit einem Jeep wird er wieder in das deutsche Gefängnis in die Archivstraße gebracht.

Staatsanwalt Krüger übergibt den Fall an die amerikanische Staatsanwaltschaft bei dem amerikanischen Gericht der Alliierten Hohen Kommission für Deutschland mit folgendem Begleittext:

»*Nachdem die Rechtsabteilung des Landeskommissionars für Württemberg-Baden die Zuständigkeit der deutschen Gerichte zur Behandlung der vorliegenden Strafsache verneint hat, werden die vorliegenden Ermittlungsvorgänge zuständigkeitshalber vorgelegt.*«

Trotzdem laufen die Ermittlungen im Mordfall Dölker über das ganze Jahr 1950 nach wie vor auf Hochtouren. Insbesondere die Spur Wollschal wird akribisch ausermittelt. Da Pioter M. mit seiner Freundin Katharina Laschek am 24. Dezember 1949 den Weihnachtsmarkt in Stuttgart besuchte und dort Kleider und

Schuhe kaufte, schließen die Ermittler nicht aus, dass er den Schal dort erwarb. Aus diesem Grund schreiben sie sämtliche Beschicker des Stuttgarter Weihnachtsmarktes an, die Bekleidungsgegenstände verkauften, und vernehmen sie.

DIENSTAG, 14. NOVEMBER 1950: ERMITTLUNGEN IN KANADA Da Pioter M. nach wie vor leugnet, einen Wollschal in Besitz gehabt zu haben, wird über die Canadian Mounted Police eine Anfrage gestartet, die dort lebende Schwester von Pioter M. zu vernehmen, ob sie ihrem Bruder einen solchen Schal geschickt hat. Am 14. November erzählt Maja M. bei der Vernehmung, dass sie zusammen mit ihrem Bruder 1939, als sie 15 Jahre alt war, in ein Konzentrationslager in Deutschland deportiert wurde, ihren Bruder aber erst wieder 1945 traf. Seither habe sie keinen Kontakt mehr zu ihm. Einen Schal habe sie ihm nie geschickt, möglicherweise aber ihre Schwester, die in Polen lebe und der sie öfters Pakete aus Kanada mit Kleidern geschickt habe. Auf die Anfrage bei den polnischen Behörden kommt nie eine Rückantwort.

LICHT KOMMT INS DUNKEL Der mühsame Abgleich mit den Personen, die Pioter M. vor und nach der Tat gesehen haben, bringt nach vielen Vernehmungen und Gegenüberstellungen Licht in das Dunkel. Das Puzzle zum Tathergang in der Nacht des 27. Dezember setzt sich jetzt folgendermaßen zusammen:

Nachdem sich Novak und seine Freundin am Abend des Überfalls von Pioter M. getrennt haben, trifft dieser zufällig gegen 19.30 Uhr seine frühere Freundin Gabi Mayer vor den Kammer-Lichtspielen in der Marienstraße. Nach ein paar Minuten geht M. in die Schnellgaststätte Heiko, wo der Bedienung auffällt, dass der Mann nach ungefähr vier bis fünf Minuten das Lokal verlässt, ohne etwas getrunken oder gegessen zu haben. Am Abend des Überfalls steht die Prostituierte Schädlich mit ihrem Zuhälter in einer Hausnische gegenüber dem Hinterausgang der TOBI-

Lichtspiele in der Geißstraße, raucht eine Zigarette und wartet auf Freier. Sie beobachtet, wie im Dunkeln ein mit einem hellen Mantel bekleideter Mann auf und ab geht. Sie denkt, dass er ein Freier sein könnte, und schickt ihren Zuhälter weg. Pioter M. spricht sie an, und sie unterhalten sich ungefähr zwei Minuten. Bei einer Gegenüberstellung im Polizeipräsidium identifiziert sie zweifelsfrei Pioter M. als den Mann am Tatort.

In der Zeit zwischen 21.45 Uhr und 22.15 Uhr hält sich M. in der Gaststätte Forelle auf. Er fällt zwei männlichen Besuchern auf, da er hastig und mit bleichem Gesicht zur Theke läuft, ein Glas Bier bestellt, das Getränk in sich hineinschüttet und nach zehn Minuten das Lokal wieder verlässt. In seinem Zimmer, in dem er angeblich die Nacht verbringt, wird er von keinem der Wohnungsmitbewohner wahrgenommen. Obwohl die Tatwaffe trotz mehrmaliger Durchsuchungsaktionen im Lager Böblingen nicht gefunden wird, ist das Indiziennetz so dicht gestrickt, dass an der Täterschaft des Pioter M. keine Zweifel mehr bestehen.

DONNERSTAG, 27. JULI 1950: EIN ZWEITER MORD? Im Rahmen der Großfahndung nach M. werden 5 000 Fahndungsplakate mit einem dreiteiligen Lichtbild und einer Personenbeschreibung von Pioter M. an sämtliche Strafanstalten im Bundesgebiet verschickt. Unter vielen anderen Zeugen meldet sich am 27. Juli 1950 der in der Justizvollzugsanstalt in Offenburg einsitzende Ukrainer Nazar Janukowitsch und erklärt, dass ihm der auf dem Fahndungsplakat abgebildete M. bekannt sei. Der Ukrainer lernte Pioter M. im Jahr 1945 in einem DP-Lager in Solingen kennen. Janukowitsch erklärt, im Juli 1945 habe man im Lager erzählt, dass M. auf einem Bauernanwesen in unmittelbarer Nähe des Lagers einen deutschen Polizeibeamten umgebracht hätte. Und noch am selben Tag, als das Gerücht aufgekommen sei, sei Pioter M. spurlos aus dem Lager verschwunden.

Die Ermittlungen in Solingen bestätigen den Verdacht. Tatsächlich wurden in den Abendstunden des 26. Juli 1945 auf dem Grundstück des Baumschulbesitzers Georg Michel in Solingen der Polizeiwachtmeister Paul Wichelhaus erschlagen und sein Kollege Konrad Löwenfells schwer verletzt. Letzterer berichtet, wie er den Einsatz erlebt und überlebt hat:

SOLINGEN, 26. JULI 1945: DER ZEUGE KONRAD LÖWENFELLS Löwenfells ist seit dem 1. Juni 1945 bei der Schutzpolizei in Solingen auf dem 1. Revier tätig, in dessen Bereich das sogenannte Polenlager in unmittelbarer Nähe des Baumschulbesitzers Michel liegt. Immer wieder plündern die Lagerbewohner in den Sommermonaten dessen Äcker, so dass Michel in dieser Zeit täglich die deutsche Polizei wegen Hilfe und Schutz anfordern muss. Um Angriffe der Polen zu verhindern, erhalten die deutschen Polizisten regelmäßig Unterstützung durch englische Soldaten. Am 26. Juli 1945 ruft Michel auf dem Revier an und meldet, dass sich wieder mehrere Polen auf seinem Grundstück herumtreiben würden. Löwenfells fährt zusammen mit seinem Kollegen Wichelhaus auf den Dienstfahrrädern zu Michels Grundstück, auf dem sie gegen 21 Uhr eintreffen, diesmal ohne Begleitung eines englischen Soldaten. Eigentlich hat Wichelhaus keinen Dienst, da er am nächsten Morgen um 7 Uhr seine Frau zur Beerdigung seiner tags zuvor verstorbenen Schwiegermutter nach Wuppertal begleiten muss. Der Schichtleiter versprach ihm aber, dass er spätestens um 23 Uhr seinen Dienst beenden kann. »Hoffentlich sind wir rechtzeitig zurück, bei den Polen weiß man ja nie, was einen erwartet«, bemerkt Wichelhaus noch auf der Fahrt zum Grundstück.

Bei den Obstbäumen und Gemüsegärten halten sich bereits etwa 15 Polen auf, die sich aber sofort beim Eintreffen der deutschen Polizisten zurückziehen. Für die beiden Polizisten ist die Situation damit bereinigt. Als sie sich auf den Weg zum Revier machen wollen, bittet sie Michel jedoch, noch zu bleiben, da er befürchtet, dass die Polen sofort wieder auftauchen würden. Nach ungefähr einer halben Stunde kommen tatsächlich etwa 20 bis 30 Polen auf das Grundstück. Als die Streifenbeamten auf die Polen zulaufen, weichen diese zurück. Nach etwa zehn Minuten kommen vom Lager zehn polnische Polizisten, gefolgt von 30 bis 40 polnischen Lagerinsassen, auf die beiden deutschen Polizisten zu. Die polnischen Polizisten durchsuchen die Streifenbeamten nach Waffen. Nachdem sie keine gefunden haben, rücken sie mit den Polen ab in Richtung Lager. Als Wichelhaus und Löwenfells zum Revier zurückfahren wollen, merken sie, dass ihre Dienstfahrräder verschwunden sind. Während sie zum Haus zurückgehen, kommen ungefähr 20 bis 30 Polen auf sie zu; vorneweg ein britischer Soldat, der ein Gewehr im Anschlag hält. Der Soldat ruft den Polizisten etwas zu, und im selben Augenblick greifen die Polen die deutschen Polizisten an. »Schlagt die Hunde tot, die deutschen Schweine, die Polizisten, die Nazis«, schreit die entfesselte Menschenmenge. Löwenfells gelingt es, trotz schwerer Verletzungen im Gesicht erst in das Haus zu gelangen und dann in den Kuhstall zu flüchten, wo er ohnmächtig zusammenbricht. Auf seinem Weg sieht er noch, wie Wichelhaus sich um die eigene Achse dreht und dann zu Boden stürzt. Als Löwenfells aufwacht, geht er in die Küche des Hauses, wo der schwer röchelnde Wichelhaus schon schwer röchelt und notdürftig verbunden wird. Michels Sohn rennt auf die Straße und alarmiert eine vorbeifahrende englische Militärstreife. Der Sergeant schickt daraufhin zwei Soldaten weg, um einen Ambulanzwagen zu holen, und sichert bis zum Eintreffen des Sanitätsfahrzeugs mit einem Gewehr im Anschlag das Gebäude vom ersten Stock aus. Als wieder Polen das Haus stürmen wollen, schießt der Sergeant durch die verschlossene Haustüre ins Freie. Daraufhin ziehen sich die Polen zurück.

Die beiden werden im Städtischen Krankenhaus versorgt. Löwenfells hat Glück. Seine Kopfverletzungen erfordern keinen längeren stationären Aufenthalt. Wichelhaus hingegen verstirbt am nächsten Tag, ohne das Bewusstsein wiedererlangt zu haben. In derselben Nacht wird auf dem Michel-Grundstück ein englischer Soldat erschossen, den die Haushälterin am nächsten Morgen findet. Die englische Polizei übernimmt auf dem Hof die Ermittlungen. Ein Kontakt mit der deutschen Polizei findet nicht statt. Der Fall verläuft im Sande.

DIENSTAG, 21. NOVEMBER 1950: ERMITTLUNGEN IN SOLINGEN Da die britische Besatzungsmacht die Untersuchung des Geschehens auf dem Michel-Hof führt, ist es der deutschen Polizei verboten, Ermittlungen zum Fall zu tätigen, weshalb über den gesamten Fall keine kriminalpolizeilichen Akten vorliegen. Lediglich ein Eintrag im Tätigkeitsbuch des 1. Polizeireviers in Solingen bestätigt in knappen Sätzen das Geschehen. Wegen der mangelnden Unterlagen muss der Fall komplett neu aufgerollt werden.

Die infrage kommenden Zeugen der Mordnacht erkennen auf den Fotos einwandfrei Pioter M. als Beteiligten. Die im Haus des Baumschulbesitzers beschäftigte Wandzia Kotecki gibt an, dass sie mit eigenen Augen gesehen hat, wie Pioter M. den Polizisten niederschlug und mit dem Fuß hinter das linke Ohr trat. Polizeiwachtmeister Löwenfells erkennt ebenfalls Pioter M. als Hauptbeteiligten an der Auseinandersetzung.

Mit diesem Sachstand übernimmt die Stuttgarter Mordkommission mit ihren Kriminaltechnikern die Ermittlungen in Solingen. Sie erledigen die nachträgliche fotografische Sicherung des Tatortes, die Rekonstruktion der Tat sowie der Umstände. Dabei stellt sich heraus, dass der Stadtteil, der direkt an das Grundstück des Gärtners Michel nördlich von Solingen angrenzt, komplett von der deutschen Bevölkerung geräumt wurde und man in die leeren Wohnungen polnische DPs eingewiesen hat.

Michel betreibt auf dem über fünf Hektar großen Grundstück nicht nur eine Baumschule, sondern pflanzt auf seinen Feldern Gemüse, betreibt eine Obstplantage und hält auch Nutztiere wie Hühner, Schweine und Kühe. Das landwirtschaftliche Anwesen ist für die polnischen Plünderer kurz nach Kriegsende ein begehrter Anziehungspunkt. Die Ermittlungen in der Lagerkartei führen weder zu Pioter M. noch zu dem Ukrainer Janukowitsch. In den unmittelbaren Nachkriegswirren des Sommers 1945 lässt sich der lückenlose Aufenthalt des Pioter M. nicht mehr feststellen. Möglichweise ist er von den britischen Behörden festgenommen worden oder er hielt sich illegal in der Unterkunft auf. Unterlagen hierzu können nicht gefunden werden. Ermittlungen nach Bewohnern des Lagers im Jahre 1945 verlaufen ergebnislos, da das Lager inzwischen aufgelöst ist. Ebenso ergebnislos verläuft die Fahndung nach einem Polen namens Pawłowski, der in der Tatnacht mit einer Schussverletzung, die möglicherweise in Zusammenhang mit den Ereignissen auf dem Hof steht, im Städtischen Krankenhaus eingeliefert wurde.

MITTWOCH, 13. DEZEMBER 1950: GEGENÜBERSTELLUNG IN SOLINGEN Einen Tag zuvor fährt Kriminalkommissar Hertlein von der Dienststelle 1 des Polizeipräsidiums Stuttgart mit dem Fallsachbearbeiter Kriminalpolizeimeister Geiger nach Solingen, um den Verdächtigen Pioter M. den infrage kommenden Tatzeugen zur Identifizierung gegenüberzustellen. Die Hauptzeugin Wandzia Kotecki erkennt mit Sicherheit M. als Täter. Auch Michel identifiziert Pioter M. hundertprozentig als Täter. Der zur Tatzeit überfallene Polizeibeamte Konrad Löwenfells glaubt, dass M. ihn mit einem Schlagring niederschlug. Er ist sich nicht sicher, betont aber die auffällige Ähnlichkeit. Die Ehefrau Michel glaubt, in Pioter M. diejenige Person zu erkennen, die in den Monaten Juni/Juli auf ihrem Grundstück plünderte.

Wie auch im Fall Dölker bestreitet M. die ihm vorgeworfene Tat. Bei einer Vernehmung zum selben Tatkomplex im Dezember 1950 versichert er, nie in Solingen gewesen zu sein, schon der Ortsname sei ihm völlig unbekannt. Weiter erklärt M., dass er bei der Polizei gequält und misshandelt worden sei und dass er dies bei der Gerichtsverhandlung aussagen werde. Die Polizei bezeichnet er als zweite Gestapo.

DIE AUSSAGE DES ADAM MAZUR Bemerkenswert im Zusammenhang mit dem Verhalten von Pioter M. ist die Aussage von Adam Mazur, der zufällig am 8. September 1950 auf dem Bahnhof in Bremerhaven das Fahndungsplakat betrachtet. Mazur, der 1939 wegen Hochverrats in ein Konzentrationslager deportiert wurde, lernte Pioter M. im Frühjahr 1941 im KZ Mauthausen kennen, in dem er, Mazur, Blockwart im sogenannten »Polenblock« war. Da M. relativ gut Deutsch sprach, freundeten die beiden sich an. Mitte April 1945 floh Mazur aus dem KZ-Nebenlager Gusen und verlor Pioter M. aus den Augen. Zur Persönlichkeit von M. gibt er an, noch nie einen so hartnäckigen Lügner gekannt zu haben. Selbst einige Stunden »am Baum hängen« konnten ihn im KZ nicht zu einem Geständnis bewegen, obwohl diese Tortur eine furchtbare Folter ist. Ein Verrat oder ein Geständnis kommt in der Welt von Pioter M. nicht vor.

FREITAG, 15. DEZEMBER 1950: HAFTBEFEHL WEGEN DES SOLINGER MORDES Am 15. Dezember 1950 ergeht vom Amtsgericht Wuppertal Haftbefehl gegen Pioter M. wegen Verdacht des Mordes an Wichelhaus. Die Stuttgarter Mordkommission übersendet die kompletten Akten zu diesem Fall nach Hamburg an das Kriminalpolizeiamt für die britische Zone. Am 12. Dezember 1951 wird im Fall Wichelhaus letztmalig ein Ermittlungsersuchen des Landgerichts Wuppertal von der Stuttgarter Mordkommission beantwortet, wo er immer noch in Untersuchungshaft sitzt. Ob Pioter M. für diesen Fall verurteilt wurde, ist nicht bekannt.

DIENSTAG, 3. JUNI 1952: GERICHTSVERHANDLUNG ZUM MORD AN RICHARD DÖLKER Bis es zu einer Verurteilung von Pioter M. wegen des Mordes an Dölker kommt, vergehen über zwei Jahre. Am 27. Februar 1952 werden die Zuständigkeit der deutschen Strafverfolgungsbehörden im Fall Dölker aufgrund einer Verfügung des Amtes des USA-Land Commissioners für Württemberg-Baden – Legal Affairs Division – begründet und die Akten über das Württemberg-Badische Justizministerium zurückgegeben.

Bei der Gerichtsverhandlung am 3. Juni 1952 vor dem Schwurgericht Stuttgart findet die Vernehmung von Novak unter Ausschluss der Öffentlichkeit statt. Novak gibt zwar an, dass die bei der Polizei gemachten Angaben richtig sind, weigert sich aber, diese Aussagen vor Gericht zu bestätigen, da er erpresst werde. Auch auf die Frage, wer ihn erpresse, verweigert er die Aussage. Auf Beschluss des Gerichts wird Novak in Beugehaft genommen. Im Laufe der Verhandlung erklärt Novak, dass er den Namen preisgebe, wenn ihm eine persönliche Überwachung zugesagt werde. Novak ist nun bereit zur Aussage vor Gericht und belastet Pioter M. schwer. Seine Angaben hält er im vollen Umfang aufrecht. Das Urteil gegen M. wird in den Abendstunden des 3. Juni 1952 verkündet.

Wegen eines Verbrechens des versuchten schweren Raubs und eines des Mordes wird Pioter M. zu einer lebenslänglichen Zuchthausstrafe verurteilt. Nach der Urteilsverkündung beteuert M. wiederholt seine Unschuld und kündigt an, in den Hungerstreik zu treten.

DAS LEBEN DES PIOTER M. Pioter M. wird im Juni 1914 in Mielencin in Polen geboren. Sein Vater ist selbstständiger Schlosser. Nach der Volksschule beginnt er eine Bäckerlehre, bricht diese jedoch frühzeitig ab und fängt eine Metzgerlehre an, die er mit der Gesellenprüfung abschließt. 1938 eröffnet er mithilfe seines Vaters, der ihn jedoch finanziell ausnutzt, eine eigene Metzgerei. Nach der Besetzung Polens durch die deutsche Wehrmacht verhaftet die Gestapo Pioter M. kurz vor Weihnachten. Im Mai 1940 kommt er in das Konzentrationslager Dachau. Einen Monat später erfolgt seine Deportation in das Konzentrationslager Mauthausen. Er schuftet im Steinbruch und im Straßenbau. 1943 wird er angeblich bei einem Fliegerangriff verschüttet. Trotz der enormen körperlichen Belastungen und der brutalen Umstände in den Lagern wird er, abgesehen von einer Lungenentzündung und einer Gesichtsrose, nie ernsthaft krank. Im Mai 1945 wird Pioter M. von einer amerikanischen Invasionsarmee befreit. Er gibt an, bis zur Übergabe des Gebiets an sowjetische Truppen von den Amerikanern im Lager noch über einen Monat verpflegt geworden zu sein.

Seine folgenden Angaben sind durch Zeugen nicht abgesichert: M. will nach Linz und nach München gegangen sein, jeweils ohne Arbeit und von den Amerikanern verpflegt, mäandrierend von einem DP-Lager zum nächsten. Im September 1947 trifft er angeblich im DP-Lager in Böblingen seine Schwester, die mit einem amerikanischen Soldaten verlobt ist. Bereits 1947 wird Pioter M. vom amerikanischen Militärgericht wegen Diebstahl zu fünf Monaten Gefängnis verurteilt. Im Mai 1948 wandert seine Schwester mit ihrem Bräutigam nach Kanada aus. Seinen Lebensunterhalt bestreitet M. durch Schwarzhandel, Diebstähle und Glücksspiel. Im Winter 1947/48 beschafft er sich eine Schusswaffe. 1948 wird er wieder inhaftiert und kommt am 31. Juli 1949 frei, um sofort wieder auf Diebestour zu gehen. Aufgrund der Straftaten verliert er seinen DP-Status und wird aus dem Lager Böblingen entlassen, nachdem sein Verhältnis mit der verheirateten Polin Katharina Laschek auffliegt.

Mit dem Mord an Richard Dölker am 27. Dezember 1949 und der damit verbundenen lebenslänglichen Zuchthausstrafe ist Pioter M.s bürgerliche Existenz schließlich vollends zerstört.

WENN DIE FANTASIE AMOK LÄUFT

Sie haben Langeweile und träumen von großen Abenteuern: In ihren gemeinsamen Fantastereien, genährt durch Filmbesuche und Romane, schlittern der 19-jährige Konrad H. und der 18-jährige Franz G. in eine Scheinwelt aus exotischen Reisen und Heldentum hinein. Das Leben der beiden Freunde in einem Dorf am Rande der Schwäbischen Alb verläuft geordnet und beschaulich, doch Fiktion und Realität verschmelzen bei den beiden mehr und mehr. Ihre Zukunftspläne, mit Überfällen Geld und Fahrzeuge für große Abenteuerreisen zu beschaffen, enden in den Abendstunden des 16. Juni 1955 mit einem Tötungsverbrechen: Bei einem stümperhaften Überfall schießt H. dreimal auf den 48-jährigen Juwelier Alfons Knoblauch, der ein paar Tage später stirbt. Ernüchtert und in Panik flüchten die beiden jungen Männer, irren nach Hause in ihr Dorf und steigen wieder ins normale Leben ein, als sei nichts geschehen.

Der Tatort Fritz-Elsas-Straße 17

DER ÜBERFALL Die Familie Knoblauch lebt in der Stuttgarter Fritz Elsas-Straße 17 in einem in den Jahren 1945 und 1946 bereits wieder aufgebaute Wohn- und Geschäftshaus. Es ist dreigeschossig und in Besitz von Joseph Schwarz, dem Schwiegervater von Alfons Knoblauch. Im Erdgeschoss befinden sich die Geschäftsräume des Juweliers Knoblauch und der Firma Mayer-Speiseöle, die der Schwiegervater von Knoblauch betreibt, sowie ein Büro der Firma Radio-Barth, deren Radio-Geschäft direkt daneben liegt. Im ersten und zweiten Stock sind die Wohnräume der Familie Knoblauch und der Schwiegereltern untergebracht. Rechts am Gebäude ist eine Garage angebaut, die so groß ist, dass zwei Autos hintereinander Platz finden.

Im weiträumigen Flur der Geschäftsräume der Firma Knoblauch ist an diesem Samstagabend eine Tanzparty im Gange. Die 16-jährige Tochter der Familie hat neun Paare aus ihrem Tanzkurs zu diesem samstäglichen Vergnügen eingeladen. Die Stimmung der jungen Leute ist prächtig, auf den Plattenspieler werden die

Der von Alfons Knoblauch in der Garage geparkte Opel

neuesten Schlager aufgelegt, man tanzt und man lacht. Nach 23 Uhr bittet Knoblauch die jungen Leute, langsam Schluss zu machen. Einige Paare verlassen die Party, um noch rechtzeitig mit der Straßenbahn nach Hause zu kommen. Knoblauch lädt die verbliebenen Gäste noch nach oben in die Wohnung ein, um die restlichen Brote zu essen und Bowle zu trinken. Das Fahrzeug der Familie, ein Opel Rekord, steht in der Hofeinfahrt bereit, da Knoblauch davon ausgeht, noch Partygäste nach Hause fahren zu müssen. Als feststeht, dass dies nicht notwendig ist, sagt Knoblauch zu seiner Frau: »Die Party ist ja nun vorbei, ich gehe noch schnell nach unten und fahre den Wagen in die Garage.« Der 48-jährige Juwelier stellt den Opel in der Garage ab, verlässt sie und betritt den durch eine Lampe matt beleuchteten Hofraum. Die Garagentür steht noch offen.

Es ist 23.40 Uhr. Frau Knoblauch ist noch in der Küche, als sie plötzlich mehrere Schüsse hört. Kurz danach vernimmt sie die Hilferufe ihres Mannes. Sie stürzt sofort nach unten und sieht ihren Mann in der Hofeinfahrt rechts vor der Garage am Boden liegen. »Mami, ich bin überfallen worden von zwei, ich bin ganz schwer angeschossen, ich werde wohl sterben müssen«, bringt der schwer verletzte Knoblauch röchelnd hervor. Panisch schreit Frau Knoblauch um Hilfe und ist in kürzester Zeit von mehreren Personen umringt. Mit dabei ist der in unmittelbarer Nachbarschaft wohnende Benedikt Tiede, der an diesem Samstag mit seiner Familie und seinem Bekannten Fritz Kaiser und dessen Freundin das Universum-Kino besuchte und seit 23 Uhr wieder zu Hause ist.

Vergebens versucht Tiede, vorbeifahrende Autofahrer anzuhalten, um den schwer verletzten Knoblauch ins Krankenhaus zu schaffen. Ein Taxifahrer, Chauffeur eines dunkelblauen Opel Kapitän, vermindert zwar seine Geschwindigkeit und schaut kurz herüber, schüttelt aber lediglich den Kopf und fährt weiter. Kaiser, der seine Bekannte und deren Tochter, die auf der Party von Knoblauchs Tochter war, heimgefahren hat, kommt auf seinem Rückweg um 23.45 ebenfalls an der Fritz-Elsas-Straße vorbei. Er bemerkt den Menschenauflauf und steigt aus. Mithilfe von Tiede packt er Knoblauch in seinen VW Käfer und zusammen mit Frau Knoblauch rasen sie in das Katharinenhospital, wo sie fünf Minuten später eintreffen.

DAS OPFER KÄMPFT UM SEIN LEBEN Die Ärzte stellen drei Einschüsse bei Alfons Knoblauch fest. Professor Dr. Gross und Dr. Werner kämpfen um das Leben des Mannes und führen eine sofortige Notoperation durch. Die gesamte Bauchhöhle ist mit Blut vollgelaufen, die Leber zerrissen, Dick- und Dünndarm sowie die Niere sind durchschossen, Arterien und Venen angerissen. Der Patient ist am Ende der Operation, gegen 5 Uhr morgens, ohne Puls. Nach einer Sauerstoffbeatmung ist der Puls wieder da und gegen Nachmittag ist Knoblauch erstmals ansprechbar. Zwischenzeitlich trifft Kriminalkommissar Hertlein im Krankenhaus ein und betreut die Ehefrau. Eine Vernehmung des um sein Leben Ringenden ist ausgeschlossen. Als Knoblauch von der Narkose aufwacht, teilt er seiner Frau Folgendes mit: Es seien zwei junge Burschen gewesen, circa 20 Jahre alt, die er früher nie gesehen hätte, die also nicht zu seiner Kundschaft gehört hätten. Einer davon sei etwas größer und blond gewesen. Beide hätten Mäntel getragen. Der Blonde, der auf ihn geschossen habe, sei zu ihm hingetreten und habe gesagt, »Geld oder ich schieße«. Der erste Schuss sei der schlimmste gewesen. Dann habe er weitere Schüsse bekommen. Es habe sich alles innerhalb von Sekunden abgespielt. Es habe nur einer geschossen, der Blonde. Weiter berichtet er, dass er zu dem Burschen, der ihn anrief, gesagt habe, »Macht, dass ihr fortkommt« oder so ähnlich. Der Blonde habe dann sofort das Feuer auf ihn eröffnet. Frau Knoblauch ist sich sicher, dass ihr Mann bei klarem Bewusstsein war, als er mit ihr sprach.

DIE MORDKOMMISSION VOR ORT Um 23.45 Uhr geht bei der Polizeizentrale der Anruf einer Frau Knoblauch ein, die mitteilt, dass ihr Mann in der Fritz-Elsas-Straße von zwei Unbekannten niedergeschossen worden sei. Das Überfallkommando fährt zum Tatort, führt erste Befragungen durch, nach denen schnell klar ist, dass zwei junge Männer, bekleidet mit Trenchcoat-Mänteln, vom Tatort in Richtung Firnhaberstraße geflüchtet sind. Die sofort in Gang gesetzte Fahndung, die sich auf den ganzen Innenstadtbereich ausdehnt und an der sich alle verfügbaren Streifenfahrzeuge beteiligen, verläuft ergebnislos. Parallel wird die diensthabende Mordkommission C alarmiert. Überfallkommando und Streifenkommando sperren den Tatort weiträumig ab. Um 1 Uhr ist die Mordkommission mit Kriminaltechnikern und großem Mordwagen unter der Leitung des Chefs der Mordkommission, Kriminalhauptkommissar Frey, vor Ort. Ungefähr 20 Personen halten sich noch im unmittelbaren Tatortbereich auf. Im Krankenhaus wird die Opferbekleidung sichergestellt. Wertsachen fehlen nicht. Sehr schnell stellt sich heraus, dass das Opfer nicht ausgeraubt wurde. Im Katharinenhospital werden bei der Operation von Knoblauch zwei Geschosse Kaliber 7.65 entfernt und den Kriminalbeamten übergeben.

Im Zuge der weiteren Vernehmungen im Umfeld des Opfers ergeben sich keinerlei zielführende Erkenntnisse zu den möglichen Tätern. Noch in derselben Nacht werden vom Fahndungsdienst Frühgaststätten und Nachtlokale bestreift, ebenso das Bahnhofsgebiet. Die Überprüfung der gestohlenen Fahrzeuge in der Tatnacht bringt ebenfalls keine weiteren Ergebnisse. Sämtliche An- und Verkaufsgeschäfte, Pfandleihen und Trödler werden befragt, ob in letzter Zeit Gegenstände zum Verkauf angeboten wurden. Die Nachforschungen im Geschäftskreis von Knoblauch ergeben schon bald, dass der Juwelier äußerst seriös arbeitete. Keine kriminalpolizeilichen Akten liegen vor, keine Schwarzmarktgeschäfte sind bekannt, es gibt keine Milieukontakte in die Altstadt und auch dem zuständigen 3. Polizeirevier ist über die Person Knoblauch nichts Negatives bekannt. Ein fleißiger Geschäftsmann, geachtet bei Geschäftspartnern und beliebt bei seinen Kunden.

Die objektive Spurenlage am Tatort bestätigt die Aussagen der Tatzeugen. Die Stellung der Fahrzeuge in der Garage weist keine Auffälligkeiten auf, keine Beschädigungen am Zündschloss oder am Fahrzeug. In Verlängerung der Garagenfront wird eine Patronenhülse Kaliber 7.65 aufgefunden. Eine weitere Hülse wird an der Ecke zur Baracke Radio-Barth, Fritz-Elsas-Straße 19, sichergestellt. Obwohl drei Schüsse fielen, werden eine dritte Hülse und das dritte Geschoss nicht gefunden. Fußspuren oder Gegenstände, die den Tätern zuzuordnen wären, können nicht sichergestellt werden. Auch Blutspuren können nicht sichtbar gemacht werden, allerdings regnete es leicht in der Zeit von 0.30 bis 1 Uhr. Bis in die Abendstunden des 17. Juni gehen immer wieder Regenschauer nieder. Die gesamte Absuche der Tatortumgebung nach Einbruchsspuren, die Verfolgung des Fluchtweges nach eventuell verlorengegangenen Gegenständen der Täter sowie alle akribisch durchgeführten Standardmaßnahmen bringen keinerlei Hinweise auf die Täter. Am Sonntag, 17. Juni, überreicht die Polizei einem Zugschaffner der Bahn eine Hülse und ein Geschoss, welche zum BKA nach Wiesbaden zur Systembestimmung gelangen sollen. Am Montag liegt bereits das mündliche Ergebnis vor: Die Tatwaffe ist eine Selbstladepistole Walther PP oder PPK.

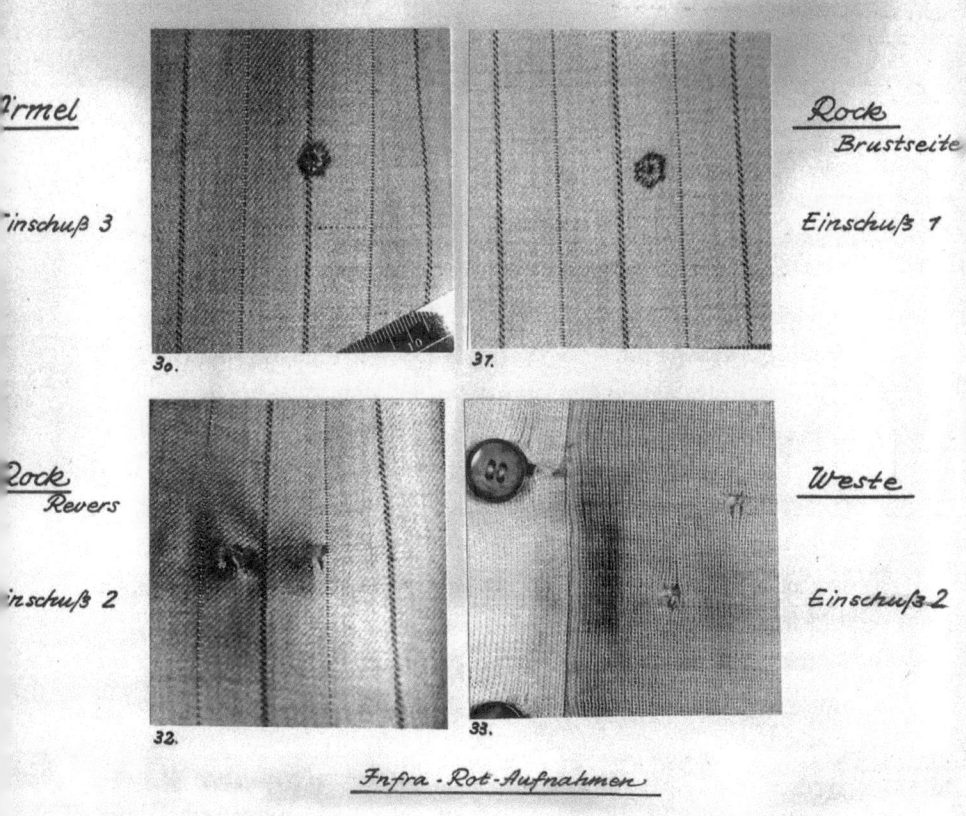

Polizeilich systematisierte Infrarotaufnahmen der Kleidung des Opfers

Gleichzeitig läuft an diesem Sonntag eine groß angelegte Fahndung nach den Tätern an. Sämtliche Stuttgarter Polizeireviere, Polizeidienststellen, Bahnpolizei und Militärpolizei, alle Landeskriminalämter und das Bundeskriminalamt steuern fernschriftlich den Sachverhalt an die Polizeidienststellen in Deutschland. Die Stuttgarter Tagespresse sowie die Nachrichtenagenturen erhalten noch am selben Tag eine Fallschilderung mit der Bitte um Mitfahndung durch die Bevölkerung. Auch die Überprüfung entlassener Strafgefangener bezüglich ihres Aufenthaltes in der Tatnacht bringt die Ermittlungen nicht voran. Am Dienstag, 18. Juni, schreiben die Staatsanwaltschaft Stuttgart und das Polizeipräsidium Stuttgart eine Belohnung von 1000 DM aus für Hinweise, die zur Aufklärung des Falles oder zur Ergreifung des Täters führen. Mit riesigen Schlagzeilen berichten die Stuttgarter Zeitungen am darauffolgenden Montag und Dienstag über das Verbrechen an dem Juwelier. Doch trotz der ausgesetzten Belohnung ergibt sich keine heiße Spur. Die Ermittler tappen weiterhin im Dunkeln.

KOMMISSAR ZUFALL UND FESTNAHMEN Am Dienstagmorgen, es ist 3.25 Uhr, sitzt Polizeimeister Schrimm im Wachraum des Polizeiamtes Pfullingen und unterhält sich mit seinem Kollegen Polizeihauptwachtmeister Hundt. Viel los ist nicht in dieser Nacht. Noch zwei Stunden, dann ist ihre Schicht vorbei. Plötzlich wird die Türe zum Wachraum aufgestoßen und zwei Männer stürzen herein. Der Jüngere der beiden, der sich als Heiner G. vorstellt, erklärt unvermittelt, dass sie eine Anzeige erstatten möchten. Sein Bruder Franz sei in Stuttgart an einem Raubüberfall beteiligt gewesen. Dies hätte er ihm unter vier Augen mitgeteilt. Die Schüsse auf den schwer verletzten Juwelier hätte aber sein Freund Konrad H. abgefeuert. Wegen der Tat wolle sich sein Bruder nun bei der Gendarmerie in Frankreich für die Fremdenlegion bewerben. Er übernachte hier in Pfullingen in der Gaststätte Löwen und beabsichtige, um 7.20 Uhr mit dem Zug nach Kehl zu fahren. Der ältere Herr, der sich inzwischen als Vater von Franz vorgestellt hat, erzählt aufgeregt, dass sein Sohn ihm die Tat bereits gestanden und auch eine Schusswaffe dabei gehabt habe, aber nicht geschossen hätte. H. hingegen habe drei Schüsse abgegeben, wovon ein Schuss in den Arm des Opfers eingedrungen sei. Trotzdem die Polizei mit Suchscheinwerfern gefahndet habe, sei den beiden die Flucht gelungen. Er, der Vater, sei überzeugt, dass Konrad H. die treibende Kraft des Überfalls gewesen sei und sein Sohn Franz nicht geschossen habe. Um eine mildere Strafe für seinen Sohn zu erreichen, habe er sich entschlossen, die Polizei zu benachrichtigen. Darüber hinaus wolle er verhindern, dass sein Sohn zur Fremdenlegion gehe.

Polizeimeister Schrimm ist zunächst skeptisch, für ihn klingt die Aussage der Männer wie eine Räuberpistole, da ihm dieser Fall nicht bekannt ist – das Fahndungsfernschreiben ist versehentlich in der Reutlinger Polizeizentrale hängen geblieben. Erst als Vater und Sohn eine aktuelle Ausgabe der Stuttgarter Zeitung vorlegen, in welcher der Fall groß aufgemacht ist, werden die Beamten plötzlich hellwach. Heiner G. legt eine Pistole auf den Tresen und gibt an, dass sein Bruder ihm die Waffe gestern auf sein Verlangen hin ausgehändigt habe. Die P 38, Kaliber 9 mm, ist geladen. Acht Schuss stecken im Magazin, eine Patrone befindet sich im Lauf. Die Waffe ist durchgeladen und gesichert.

Während der Wachhabende die Vernehmung durchführt, sucht Polizeimeister Hundt Polizeimeister Rehmet in dessen Wohnung auf, weckt diesen und bittet ihn, sofort zum Revier zu kommen, um die Wache zu besetzen, damit er mit seinem Kollegen G. festnehmen könne. Zwischenzeitlich telefonierte PM Schrimm mit dem Wirt des »Löwen« und bekam die Bestätigung, dass tatsächlich ein Franz G. vor ein paar Stunden ein Zimmer bezogen habe. Während Vater G. und sein Sohn Heiner auf der Wache zurückbleiben, machen sich zwei Beamte auf den Weg zum Hotel.

Gegen 4.15 Uhr treffen die Polizisten Schrimm und Hundt am Lindenplatz ein, wo sie der Besitzer der Gaststätte Löwen bereits erwartet. Der Wirt informiert sie darüber, dass Franz G. nach Mitternacht gekommen sei und das Zimmer sieben im ersten Stock erhalten habe. Die Tür ist beim Eintreffen der Beamten abgeschlossen. »Polizei, aufmachen«, ruft Schrimm und in Sekundenschnelle wird die Tür aufgeschlossen. Hauptwachtmeister Hundt sichert vom Hof aus den Hinterausgang und PM Schrimm betritt das Zimmer. G. liegt bereits wieder im Bett und stellt sich schlafend. Er ist lediglich mit einer Badehose bekleidet. Schrimm fordert ihn auf, sich anzuziehen, und erklärt ihm die vorläufige Festnahme. Das Zimmer wird durchsucht, danach klicken bei Franz G. die Handschellen. Gemeinsam gehen die Beamten mit Franz G. zu Fuß zurück auf das Polizeiamt.

Als der Festgenommene auf der Wache seinen Bruder und Vater antrifft, bricht er zusammen. Bei der Frage, was er denn in Stuttgart gemacht habe, gibt Franz G. die Tat sofort zu und erklärt, dass Konrad H. die drei Schüsse abgefeuert habe. »Habt ihr H. schon festgenommen?«, fragt er die Beamten. »H. verlässt jeden Morgen um kurz nach 6 Uhr die Wohnung, um den Zug nach Reutlingen zu bekommen.« Polizeimeister Schrimm erklärt Franz G., dass sie jetzt nach Engstingen fahren und seinen Kumpel H. festnehmen werden. »Ich möchte Sie darauf aufmerksam machen, dass bei H. die Pistole locker sitzt«, bemerkt der festgenommene Franz G. Er warnt, da H. sich ihm gegenüber mehrmals dahingehend geäußert habe, dass er bei einer etwaigen Festnahme durch die Polizei sofort schießen würde. Trotzdem entschließt sich Schrimm, zusammen mit seinen Kollegen die Festnahme vorzunehmen.

Dem Postenführer des Polizeiposten Engstingen PM Eberle wird um 5 Uhr vom Polizeiamt Pfullingen telefonisch der Sachverhalt erklärt und mitgeteilt, dass ein Streifenwagen unterwegs sei, um die Festnahme von Konrad H. durchzuführen. Eberle alarmiert seinen Kollegen Hauptwachtmeister Hellmund. Treffpunkt ist der Polizeiposten Engstingen, an dem die Beamten die taktische Marschroute besprechen wollen. Gegen 5.20 Uhr trifft der Streifenwagen beim Polizeiposten ein. PM Schrimm, der in Engstingen wohnt, zieht zu Hause Zivilkleidung an. Gemeinsam beratschlagen Schrimms Kollegen ihre Vorgehensweise. Postenführer Eberle, der sämtliche Einwohner von Engstingen kennt, ruft gegen 6 Uhr den Hausbesitzer des Gebäudes Chopinstraße 25 an, in dem im zweiten Stock Konrad H. mit seiner Mutter und seinem jüngeren Bruder zur Miete wohnt. Eberle bittet den Eigentümer, Elektriker Mütschele, die Werkstatt aufzuschließen, da sie in sein Haus müssten.

Schrimm, inzwischen in Zivil, um jedes Aufsehen zu vermeiden, geht als Erster in das Gebäude. Wenige Minuten später stößt PM Eberle in Uniform zu den Kollegen und betritt das Haus durch die Werkstatt. Nachdem die beiden im Haus sind, rufen sie von der Werkstatt aus den Posten an und beordern PHW Hundt in das Gebäude, während PHW Hellmund die Außensicherung des Anwesens übernimmt. PM Schrimm postiert sich im ersten Stock hinter der Glastür der Wohnung des Elektrikers Mütschele. Im Erdgeschoss sichert Eberle die Tür zum Ladengeschäft, während PHW Hundt die Haustür bewacht. Geplant ist, dass der zivil gekleidete PM Schrimm Konrad H. beim Verlassen der Wohnung vorbeigehen lässt und ihn dann von hinten anspricht. Im selben Moment soll PM Eberle von vorne H. anspringen, um das Ziehen der Waffe zu verhindern.

Um 6.50 Uhr geht an der Wohnung die Glastür auf, Konrad H. läuft schnellen Schrittes die Treppe herunter. In der rechten Hand trägt er eine Aktentasche. Er ist so schnell, dass Schrimm ihn nicht ansprechen kann. Auf dem letzten Treppenabsatz springt Eberle aus seinem Versteck hervor, stellt sich H. in den Weg und schreit: »Hände hoch!« Konrad H. hält die linke Hand hoch, mit der rechten hält er seine Aktentasche fest. Von hinten nähert sich Schrimm Konrad H., nimmt ihm die Aktentasche weg und reißt H.s rechte Hand nach oben. Der junge Mann ist so perplex, dass er sich widerstandslos festnehmen lässt. Er ist bewaffnet. In seiner Brusttasche führt er eine geladene und gesicherte Pistole Walther

PPK, Kaliber 7.65 mit sich. Eine Kugel befindet sich im Lauf. In den Hosentaschen befinden sich insgesamt in Munitionsschachteln 36 Schuss desselben Kalibers. Eine Brieftasche, ein Notizbuch und ein Geldbeutel mit 5 DM werden noch in seinen Taschen gefunden. H. wird mit Handschellen gesichert. Elektromeister Mütschele, der die Festnahme miterlebte und H. schon des Öfteren zur Räson gerufen hatte, weil die alleinerziehende Mutter manchmal mit dem Jungen nicht zurechtkam, bemerkt nach der Festnahme: »Er kann mir nicht mal in die Augen sehen. Das Beste wäre gewesen, wenn ich ihn das letzte Mal totgeschlagen hätte.«

PM Schrimm möchte vor Ort von Konrad H. wissen, mit welcher Waffe er in Stuttgart geschossen hat. »Ich habe gar nicht geschossen«, gibt dieser mehrmals stur zur Antwort. Auf die Frage, ob er mehrere Waffen besitze, erwidert er: »Einen Karabiner, ein KK-Gewehr.« Unter einem Büfet in seinem Zimmer finden die Ermittler den österreichischen Infanteriekarabiner und unter dem Bett das Kleinkalibergewehr.

Auf der Fahrt nach Pfullingen drängt PM Schrimm, er solle doch zugeben, dass er in Stuttgart geschossen habe. Sein Leugnen sei zwecklos, da sein Komplize bereits festgenommen sei. »Das will ich erst sehen, ob der G. bei der Polizei ist, vorher sag ich gar nichts.«

PHW Rehmet, der im Polizeiamt Pfullingen mit dem Bruder des Franz G. und dessen Vater auf das Eintreffen des Konrad H. wartet, wohnt ebenfalls in Engstingen. Er nimmt mit H. Kontakt auf, der immer noch unter dem Eindruck der Festnahme steht. Die Kollegen berichten, das H. sehr stur sei und nicht mit ihnen reden würde. Rehmet nimmt ihn zur Seite und sagt zu ihm: »Mensch, was hast du da für einen Blödsinn gemacht, so etwas überlegt man sich doch früher.« In einem Zimmer neben der Wachstube, unter vier Augen, räumt Konrad H. nun ein, dass er in Stuttgart drei Schüsse aus seiner Walther-Pistole abgefeuert habe. Er wisse nicht, ob er getroffen habe. Da Rehmet die näheren Umstände des Falles nicht bekannt sind, fragt er nicht weiter nach.

Inzwischen sind die Vorbereitungen zum Transport der beiden Tatverdächtigen in das Polizeigefängnis nach Reutlingen so weit fortgeschritten, dass die Fahrt unmittelbar bevorsteht. Auf der kurzen Fahrt von Pfullingen nach Reutlingen herrscht eisiges Schweigen. PHW Rehmet ist zufrieden, H. hat ja ihm gegenüber zugegeben, dass er in Stuttgart geschossen hat.

Um 8.51 Uhr läuft bei der Stuttgarter Mordkommission ein Fernschreiben des Landespolizeikommissariats Reutlingen mit der Information ein, dass die Heranwachsenden Franz G. und Konrad H. in den Morgenstunden festgenommen worden seien und für den Raubmordversuch an Knoblauch infrage kämen. In den Nachmittagsstunden werden die beiden Festgenommenen in getrennten Fahrzeugen nach Stuttgart gefahren und erkennungsdienstlich behandelt. Um 18 Uhr, nach dem Abendessen, beginnen die getrennten Vernehmungen. Noch in den Abendstunden geben der Stuttgarter Kripochef Kriminaldirektor Neukirchner und Oberstaatsanwalt Straub bei einer Pressekonferenz die Aufklärung des Falles und die Ergreifung der Täter bekannt.

Nach einem dreiwöchigen Vernehmungsmarathon ist die Tat dann bis in alle Einzelheiten geklärt.

DIE SUCHE NACH DER WAHRHEIT Dem Leiter der Stuttgarter Mordkommission, KHK Frey, und Kriminalkommissar Hertlein gelingt es sehr schnell, zu dem 18-jährigen Konrad H. einen emotionalen Zugang zu finden. Bereitwillig schildert dieser sein bisheriges Leben und die Tat. Parallel beschäftigen sich KHK Vogel und der beste Vernehmungsbeamte der Mordkommission, Kriminalkommissar Helfinger, mit dem 18-jährigen Franz G., der geradezu entgegenkommend den Tatablauf erzählt. Gegen 21 Uhr sind die Aussagen protokolliert. Am darauffolgenden Nachmittag, 20. Juni, erlässt der Haftrichter des Amtsgerichts Haftbefehl wegen Mordverdacht. Die Beschuldigten werden in das Untersuchungsgefängnis in der Weimarstraße eingeliefert. Bis in den

Juli werden die jungen Männer fast täglich vernommen, um die Motive nachvollziehen und den genauen Tatablauf rekonstruieren zu können.

DAS OPFER STIRBT Einen Tag später, in den Nachmittagsstunden des Donnerstags, 21. Juni, verschlechtert sich der Gesundheitszustand von Alfons Knoblauch dramatisch. Er stöhnt, fantasiert und wird immer wieder bewusstlos. Die sich an jede Hoffnung und Hilfe klammernde Ehefrau bittet um 19.30 Uhr Dr. Werner, ihrem Mann eine Beruhigungsspritze zu verabreichen. Der Puls ist nicht mehr fühlbar. Um 20.40 Uhr tritt der Tod ein.

KONFRONTATION Am 22. Juni wird in der Leichenhalle des Pragfriedhofes unter dem Beisein des Amtsrichters Mauch, des Staatsanwalts Dr. Göhler und der Kriminalbeamten Hertlein, Frey und Schneckenburger von Obermedizinalrat Dr. Schreck die gerichtsmedizinische Untersuchung vorgenommen. Auch der Landesjugendarzt, Dr. Hundertmark, der die Persönlichkeit der beiden Täter untersuchen wird, ist anwesend. Vorgeführt aus der Untersuchungshaft werden H. und G. mit der Leiche des Alfons Knoblauch konfrontiert. Nacheinander werden sie hereingeführt. Richter Mauch wendet sich zunächst an Konrad H. und fragt: »Ist diese Leiche die Person, auf welche Sie am 16. Juni 1956 geschossen haben?« H. antwortet: »Ich kann es nicht erkennen, denn ich hatte eine Brille auf!« H. wird wieder abgeführt. Franz G. schaut auf den Toten und sagt: »Ich glaube ja, dass dies die Person gewesen ist!« Nun wird auch G. aus dem Sektionsraum gebracht. Dr. Hundertmark entfernt sich ebenfalls aus dem Obduktionsraum, so dass die Untersuchung beginnen kann: Es werden drei

Bild oben und Mitte: Rekonstruktion des Tatgeschehens
mit den Tätern und Kriminalbeamten
Bild unten: Darstellung des Tatablaufes nach Aussage eines Zeugen

Einschüsse registriert. Der erste Schuss drang zwischen Nabel und Schwertfortsatz ein und trat auf der Körperrückseite auf Höhe der zwölften Rippe aus. Das zweite Geschoss durchschlug die Leber und war todesursächlich. Der dritte Schuss drang in den linken Oberarm, knapp über dem Ellenbogen, ein.

LOKALTERMIN IN DER FRITZ-ELSAS-STRASSE Als am Mittwochnachmittag des 27. Juni kurz nach 14 Uhr die Wagenkolonne mit den Tatverdächtigen vorfährt, ist bereits eine größere Anzahl an Schaulustigen versammelt, die sich hinter die weiträumige Absperrung der Schutzpolizisten drängen. Mit starren und unbeweglichen Gesichtern, bekleidet mit ihren zur Tatzeit getragenen Trenchcoats, die Augen hinter Sonnenbrillen verbergend, die Tatwaffen in der Hand, demonstrieren die beiden Täter nochmals den Tatablauf. Hasserfüllte Zurufe aus der geifernden Menge begleiten Konrad H. und Franz G., als sie vom Tatort weggefahren werden.

DAS UNAUFFÄLLIGE LEBEN DES KONRAD H. Konrad H. wird am 26. Juli 1936 in Ostpreußen geboren. Sein Vater ist Straßenbaumeister und seit 1935 verheiratet mit Lieselotte Riedinger, die aus dem Nachbarort stammt. 1938 zieht die Familie nach Engstingen, Kreis Reutlingen, da der Vater mit der Beaufsichtigung der Bundesstraße 312 Reutlingen-St. Johann beauftragt ist. 1940 wird H.s jüngerer Bruder geboren. Bei Kriegsausbruch wird der Vater eingezogen, die Besuche werden weniger, die Mutter kümmert sich um die Kinder. Kurze Zeit lebt die Familie in Polen. Dann beschließt die Mutter, in ihre Heimat nach Ostpreußen zu ziehen, wo ihre Eltern einen Bauernhof betreiben und sie ihre zwei Kinder besser versorgen kann. 1942 kommt Konrad in Ostpreußen in die Schule. Nach der ersten Klasse zieht die Familie wieder nach Engstingen. Dort schließt Konrad die Volksschule mit der 8. Klasse ab. 1944 kommt sein Vater bei einem Fliegerangriff in Ingolstadt ums Leben.

In der Schule hat Konrad keine Schwierigkeiten. Ohne großen Lernaufwand erreicht er gute Noten, er hat viel Freizeit und verbringt die meiste Zeit draußen mit seinen Freunden. Nach der Volksschule besucht er die Wirtschaftsoberschule in Reutlingen, jedoch mehr auf Drängen seiner Mutter als auf eigenen Wunsch. An der Schule zeigt er kein Interesse mehr und schreibt nur noch schlechte Noten. Auf Anraten der Lehrer nimmt ihn seine Mutter aus der Schule.

Es kommt vermehrt zu Differenzen und Auseinandersetzungen zwischen Mutter und Sohn. Konrad, in seiner Volksschulzeit Anführer bei Indianer- und Räuberspielen, bedrängt seine Mutter häufig mit der Drohung, sie zu erstechen oder zu erschießen. Meist verlässt sie dann mit dem jüngeren Bruder die Wohnung. Elektromeister Mütschele, der Hausbesitzer, verabreicht dem pubertierenden Konrad immer wieder eine heftige Tracht Prügel und legt ihm nahe, das Haus zu verlassen, wenn es ihm hier nicht passe.

Mit dem Ziel, Techniker zu werden, tritt H. 1952 als Praktikant in Engstingen in die Feinblechnerei Bogner ein. Da er keine Chance auf einen Studienplatz sieht, bricht er das Praktikum ab und fängt 1954 eine Lehre als kaufmännischer Lehrling bei einem Baugeschäft in Reutlingen an. Sein Plan ist, nach Abschluss der Lehre im Sommer 1957 wieder den Weg in Richtung Techniker einzuschlagen. H. vergnügt sich mit seinen Kumpels auf den üblichen Tanzveranstaltungen, hat ab und zu unverbindliche Frauenbekanntschaften und geht regelmäßig zur Arbeit. Er fällt weder durch Schlägereien noch durch Saufgelage auf. Sein gesamtes Geld verbraucht er für Wildwesthefte und Abenteuerromane. »Bill Rocky«, der »Schwarze Pirat«, »Hans Hart«, »Billy Jenkins«, »Tom Brox« und »Flying Jack« sind seine Helden und Vorbilder. Er wird als etwas undurchsichtiger Einzelgänger beschrieben, später auch als angeberisch und arrogant, ohne allerdings mit diesen Attributen aus dem durchschnittlichen Rahmen gleichaltriger Jugendlicher herauszufallen.

Erste sexuelle Erlebnisse hat er im Alter von knapp 17 Jahren mit einem älteren Mädchen, ohne große emotionale Bindung. Mädchen sind ihm nicht wichtig. Schon in jungen Jahren treibt er gern Sport. Er spielt Handball im Verein, tritt in die Turnabteilung ein, boxt und treibt Judo. Aktiv ist er noch im Schützenverein Engstingen. Dort fällt seine fast schon erotische Beziehung zu Waffen auf. Angeregt durch die Lektüre der Kriminal- und Abenteuerromane ist für ihn die Waffe das Attribut des echten, starken Mannes. Schon früh tauscht er seine Briefmarkensammlung gegen eine Schreckschusswaffe ein. Die Gier nach einer »richtigen« Waffe wird zur Manie. Bereits mit 15 Jahren kauft er von seinem Klassenkameraden eine Pistole P 38, Kaliber 9 mm. Gemeinsam verballern sie bei Indianerspielen die vorhandene Munition. Von einem Bekannten in Engstingen ersteht er kurz darauf einen Karabiner mit 23 Patronen und ungefähr 30 Schuss Munition für seine P 38, wofür er 50 DM bezahlt. Ein halbes Jahr später legt er sich eine weitere Pistole, Kaliber 7.65 mm, und ein Kleinkalibergewehr zu. Da H. die Pistole im »Löwen« in Pful-

Pistole P 38, Kaliber 9 mm, die H. an G. verkaufte und zum Überfall mitführte

lingen herumzeigt, wird er angezeigt, worauf ihm die Polizei die Waffe abnimmt.

Aber erst die Bekanntschaft mit den Brüdern G., mit denen er sich im Frühjahr 1956 anfreundet, läutet den Auftakt zu der sinnlosen, schrecklichen Tat ein, die in den Abendstunden des 16. Juni mitten in Stuttgart den Tod des Juweliers Alfons Knoblauch zur Folge hat.

DIE BRÜDER G. Franz G. kommt 1937 als zweiter Sohn des Film- und Radiotechnikers Hermann G. in Stettin zur Welt. Er hat noch einen zwei Jahre älteren Bruder Heiner. Der Vater verdient in Stettin seinen Lebensunterhalt als Filmvorführer. Da er im Ersten Weltkrieg schwer verwundet wurde, muss er 1939 nicht einrücken. Von der Stettiner Zeit weiß Franz kaum noch etwas, lediglich die vielen Fliegerangriffe sind in seinem Gedächtnis haften geblieben. Er erinnert sich an einen Bombenangriff, vermutlich 1942, als eine Bombe im Nachbarhaus einschlug und das ganze Gebäude zertrümmerte. Da das Bombenflugzeug abgeschossen wurde, stürzte es in unmittelbarer Nähe des Wohnhauses ab. In den Trümmern des Wracks hat der vierjährige Franz die abgeschossenen Leichen der Piloten gesehen.

Franz und sein Bruder kommen 1943 aufs Land zu den Großeltern, wo Franz mit fünf Jahren eingeschult wird. Anfang 1945 geht es zurück nach Stettin. Die Russen stehen kurz vor der Stadt. Das Artilleriefeuer tobt bereits, als die Familie mit dem letzten Güterzug abtransportiert wird und in Dänemark ankommt. Bis zur Kapitulation bleibt die Familie in Dänemark evakuiert. Es folgt eine über einjährige Internierungszeit in einem Lager in Tondern, bevor die Flüchtlingsfamilie direkt nach Engstingen, Kreis Reutlingen, gebracht wird.

In Engstingen dann muss ein Zimmer zunächst für die ganze Familie ausreichen, bevor sie in eine Zweizimmerwohnung ziehen können. Der Vater findet in Pfullingen sehr schnell eine

Anstellung als Filmvorführer. Die Flüchtlinge tun sich zunächst schwer in dem Dorf. Franz findet keine Freunde, prügelt sich mit einheimischen Schulkameraden. Langsam arbeitet sich die Familie nach oben. Sie bezieht eine größere Wohnung, schafft sich Möbel an und die Mutter verdient als Schneiderin dazu. Das Verhältnis zum älteren Bruder ist gut, die beiden verstehen sich. Mit elf Jahren fährt Franz mit einem Gleichaltrigen nach Hamburg, der das Geld für die Fahrkarten von seiner Mutter geklaut hat, denn er möchte mal das Meer sehen. Der Ausreißer wird von der Polizei aufgelesen und vom Vater nach einer heftigen Ohrfeige zurückgeholt.

1951 ist die Schulzeit für Franz G. zu Ende. Er lernt Technischer Zeichner und beendet die Lehre 1954. Franz schließt eine Ausbildung als Maurer an und bekommt im März 1956 eine Anstellung als Bauzeichner und Bauführer bei einem Architekten in Reutlingen. Er fertigt alle Baupläne und überwacht die Baustellen. Zum Schluss verdient Franz netto 280 DM, gibt seinen Eltern 100 DM Kostgeld ab und kann über den Rest frei verfügen. In seiner Freizeit hört er Jazzmusik, geht ab und zu tanzen, trinkt kaum Alkohol und raucht seit dem 16. Lebensjahr ungefähr täglich zehn Reval ohne Filter. Er verschlingt Zukunftsromane und Abenteuerromane wie »Hans Hardts Seeabenteuer«, liest »Frank Allan – Rächer der Enterbten« oder die Heftchen mit dem Titelhelden »Tom Shark«.

Sein Bruder Heiner kommt 1950 aus der Schule und besucht zunächst das Technikum in Reutlingen. Nach einem Jahr fliegt er dort heraus, nachdem er mit Knallpropfen aus einer Pistole im Keller des Technikums auf Flachsballen geschossen und den Keller in Brand gesetzt hat. In Pfullingen beginnt er nun eine Lehre als Kaufmann in einer Spirituosenhandlung. Nach einem Zechgelage in der Firma mit einem anderen Lehrling folgt die Entlassung. Der nächste Versuch als Schriftenmaler scheitert nach einem Dreivierteljahr. Im Frühjahr 1954 brennt er durch nach Frankfurt.

Bei »Fox tönender Wochenschau« schlägt er sich als Filmvorführer durch. 1955 holt ihn sein Vater zurück nach Engstingen und verschafft ihm eine Beschäftigung als Filmvorführer in Pfullingen, die er bis zu seiner Festnahme wegen Mittäterschaft ausübt.

Konrad H. ist den Brüdern nur oberflächlich bekannt, so wie man sich in diesem kleinen Dorf eben begegnet. Ein kurzes Kopfnicken, ein angedeuteter Gruß und man geht weiter. Als Franz mit seinem Bruder Heiner Konrad H. nach einem Kinobesuch in Pfullingen an der Bushaltestelle nach Engstingen trifft, kommen die drei ins Gespräch. Da bis zur Rückfahrt noch Zeit ist, schlägt Heiner vor, die Wartezeit im nahe gelegenen Gasthaus Löwen zu verbringen. Gemeinsam schwärmen sie von der Fiktion des Films, der im südamerikanischen Dschungel spielt. Dort müsste man sein, dem hiesigen Leben entfliehen, Abenteuer erleben, eine heldenhafte Rolle spielen. Als die drei in ihr dörfliches Leben nach Engstingen zurückfahren, ist die Saat bereits gelegt. Konrad H. und Franz G. verabreden sich für den nächsten Samstag. Eine gefährliche Freundschaft beginnt.

DER WEG IN DAS VERBRECHEN – ODER ABSCHIED VON DER REALITÄT Die Scheinwelt, in welche sich das Trio durch zahlreiche Filmbesuche immer weiter hineinbewegt, wird jetzt zunehmend zur neuen, schöneren Wirklichkeit. Konrad H. trifft sich mit Heiner alleine oder auch mit Franz, oder aber alle drei sitzen gemeinsam nach Ende der letzten Kinovorstellung in Pfullingen im »Löwen«. Die häufigen Kinogänge ermöglicht Heiner dadurch, dass er die zwei umsonst in die Vorstellungen schleust. Eines ist ihnen gemeinsam: Obwohl sie relativ gut verdienen, herrscht permanenter Geldmangel. »Ich bin vollkommen pleite, ich muss unbedingt mal ein Ding drehen, damit ich zu Geld komme«, sagt eines Abends Heiner G. zu Konrad H. beim abendlichen Bier im »Löwen«. H. schlägt einen Banküberfall in Reutlingen vor, was sie aber nach einigem Nachdenken wegen des zu hohen Risikos, »verwischt« zu werden, nicht weiter verfolgen. Im April läuft in den Kronen-Lichtspielen der englische Kriminalfilm »Vier bleiben auf der Strecke«. Darin überfallen vier Männer einen gepanzerten Geldtransporter und erschießen sich beim Teilen der Beute gegenseitig. »Solche Idioten«, bemerkt Heiner, »haben die ganze Kohle und bringen sich dann um.« Elektrisiert von der Filmtat überlegen sie, einen Überfall auf einen Postbus zu machen. Da zu diesem Zeitpunkt lediglich H. eine Schusswaffe besitzt, schlägt er vor, seinen beiden Kumpels ebenfalls eine Pistole zu besorgen. Doch weil Heiner G. chronisch klamm ist, wird es nichts mit einer Pistole.

Immer verworrener und hektischer entwickeln sich die Räubergeschichten des jungen Männertrios. Sie überlegen, eine Bank in Stuttgart zu überfallen, anschließend einem Autofahrer unter Vorhalt der Pistole das Fahrzeug zu stehlen, im Verkehrsgewühl der Großstadt unterzutauchen, das Auto stehen zu lassen – und klar ist, bei Verfolgung wird geschossen. H. geht inzwischen fast jede Woche ins Kino. Als er den Film »Todeszelle 2455« sieht, der auf der Geschichte des damals wegen Raub und Vergewaltigung zum Tode verurteilten und in San Quentin einsitzenden US-Amerikaners Caryl Chessman beruht, ist er so fasziniert, dass nun für ihn klar ist, wie sie zu Geld kommen. Obwohl weder er noch seine Kumpel einen Führerschein besitzen oder einigermaßen Auto fahren können, nimmt der Plan zur Geldbeschaffung immer deutlichere Konturen an: Man will in die Großstadt nach Stuttgart. Dort soll ein nicht abgeschlossener VW oder Opel oder Ford, in dem der Zündschlüssel steckt, entwendet werden. Mit dem gestohlenen Fahrzeug wollen sie dann auf Raubüberfalltour gehen: Autofahrer zum Halten zwingen, die Insassen bedrohen, die Herausgabe des Geldes unter Waffengewalt fordern, mit einem Gummiknüppel bewusstlos schlagen, den Zündschlüssel entwenden und die Opfer zurücklassen. Und wenn sie sich zur Wehr setzen, dann wird der Fluchtweg eben freigeschossen.

Franz G. kauft am 2. Juni mit seinem letzten Geld in einem Waffengeschäft in Reutlingen einen Gummiknüppel. Konrad H. bedrängt nun seinen Freund, unbedingt das Geld für die Pistole zu beschaffen. »Wenn wir loslegen«, so H., »dann braucht jeder eine scharfe Waffe.« Klar ist für beide, dass die Waffen nicht zur Zierde mitgenommen, sondern im Notfall eingesetzt werden. Seit Längerem ist H. bekannt, dass der in seiner Firma arbeitende Maschinist Kurt Nonnenmacher mehrere Pistolen im Besitz hat. Als Franz G. von seinem Chef 100 DM Vorschuss erhält, beschafft H. Anfang Juni von Nonnenmacher eine Waffe, eine Walther PPK, Kaliber 7.65 mit drei Patronen. Heiner G. zeigt weiterhin Interesse an den Aktivitäten und Planungen der beiden und lässt sich von seinem Bruder auf dem Laufenden halten. Sie sind ausgerüstet, das große Finale kann beginnen.

Während Franz vom Dschungel in Südamerika träumt, zieht es H. nach Frankreich, Spanien oder Nordafrika, egal, er will nur weg, weg von zu Hause, weg von Engstingen.

FERN DER WIRKLICHKEIT – HILFLOSE VERSUCHE Am 2. Juni, einem Samstag, fahren H., bewaffnet mit seiner P 38, und Franz G., der vormittags noch einen Gummiknüppel gekauft hat, mit dem Zug in den Abendstunden nach Stuttgart. Auf jeden Fall muss ein Auto her, um mit dem Fahrzeug dann andere Autofahrer überfallen, ausrauben, mit dem Knüppel bewusstlos schlagen und mit dem Geld verschwinden zu können. Sie glauben, es laufe ab wie in den Filmen: Maskierte Räuber halten Pistolen vor und schreien »Hände hoch oder ich schieße!« Auch von Umlegen ist die Rede, aber die jungen Männer gehen davon aus, dass alles glatt und reibungslos wie im Film verläuft: Es knallt wie im Kino und man sieht keine Toten. Dann, so stellen sie es sich vor, wird dem Opfer das Auto abgenommen, losgebraust, dem Nächsten vor den Kühler gefahren, das Spiel wiederholt sich. Dass keiner von ihnen Auto fahren kann, stört sie nicht, kann ja nicht schwer sein.

Auf der Suche nach einem Fahrzeug streifen sie durch die Stuttgarter Innenstadt. Sie finden kein geeignetes Opfer und fahren ohne Beute in der Nacht zurück nach Hause. Bei der zweiten Fahrt, die am Dienstag, 12. Juni, startet, hat auch Franz G. seine lang ersehnte Pistole. H. behält die neu erstandene Walther PPK und gibt Franz G. die P 38 mit Munition. Mit Sonnenbrillen und Halstüchern als Gesichtsschutz ausgestattet fahren sie wieder mit dem Zug nach Stuttgart. Diesmal ohne Rückfahrkarte, denn sie sind überzeugt, heute klappt der Überfall. Wieder halten sie bis gegen Mitternacht Ausschau nach einem geeigneten Opfer, laufen kreuz und quer durch die Straßen des Stuttgarter Westens und kehren enttäuscht zum Bahnhof zurück. Mit ihren letzten Groschen kaufen sie eine Fahrkarte nach Reutlingen und da kein Bus mehr fährt, laufen sie die zehn Kilometer nach Engstingen zu Fuß. Gegen 3 Uhr fallen sie erschöpft und frustriert ins Bett. Franz, tief enttäuscht, verabschiedet sich und sagt: »Am Samstag fahren wir wieder nach Stuttgart, dann muss es klappen!«

ZUM FINALE EIN MORD – HERAUS AUS DER TRAUMWELT

Samstag, 16. Juni, 20 Uhr. H. liegt noch im Bett. Gegen 16 Uhr klingelt Franz G. und weckt ihn. »Los jetzt, wir fahren nach Stuttgart.« Die beiden kratzen ihr letztes Geld zusammen, kaufen eine Fahrkarte und kommen gegen 20 Uhr am Stuttgarter Hauptbahnhof an. Sie sprechen nochmals ihren Plan durch: Bedrohen des Autofahrers mit gezogenen Waffen, Zündschlüssel verlangen, Geld abnehmen. Bei Widerstand wird geschossen. Ziellos laufen sie vorbei an Ruinen, die Königstraße hoch zum Alten Postplatz. Es ist ziemlich viel Betrieb im Stadtzentrum. Franz schlägt vor, in die Gegend zu gehen, wo die besseren Leute wohnen, es dunkel und wenig los ist. Mehrfach stehen sie unschlüssig vor einem Auto, dessen Fahrer gerade starten möchte, und Franz sagt: »Los, den nehmen wir.« Nach mehreren verpassten Gelegenheiten kommen sie über den Berliner Platz zurück auf die Fritz-Elsas-Straße.

Es ist mittlerweile kurz vor Mitternacht. Plötzlich sehen die beiden rechts von der Straße in ungefähr 20 Meter Entfernung die Rücklichter eines Autos in einer Einfahrt verschwinden. Als sie an der Einfahrt vorbeikommen, parkt das Auto bereits in einer Garage. Sie beobachten, wie das Licht an dem Fahrzeug erlischt. »Der Wagen würde mir gefallen«, sagt H. und geht in die Einfahrt. Beim Hineinlaufen setzt er seine Sonnenbrille auf und lädt die Pistole durch. Franz kommt direkt hinter H. und zieht ebenfalls seine Pistole. In der Aufregung vergisst er, die Waffe zu entsichern. Einen Augenblick später stehen die jungen Männer ungefähr zwei Meter vor der Garage. Als Knoblauch aus der Garage kommt, sagt H.: »Halt, oder ich schieße.« Er richtet seine Pistole auf Bauchhöhe von Knoblauch. Mit einem lauten Knacken schiebt er den Sicherungsbügel nach oben, mit dem Daumen spannt er den Hahn. Die Waffe ist feuerbereit.

Als Knoblauch einen Schritt in Richtung H. macht und fragt: »Was wollen Sie?«, feuert H. den ersten Schuss ab. Knoblauch, von Schmerzen gepeinigt, ruft laut um Hilfe. H. tritt ein Stück zurück, nimmt wahr, wie Knoblauch auf ihn zuwankt, und gibt zwei weitere Schüsse auf sein schwer verletztes Opfer ab. Als er panikartig die Hofeinfahrt verlässt und über die Fritz-Elsas-Straße davonrennt, hat er noch immer das Schreien seines Opfers im Ohr. Beim kurzen Verschnaufen in sicherem Abstand nimmt er erstmals wieder seinen Kumpel Franz wahr. »Was jetzt?«, stößt H. hervor. Franz winkt ab und läuft weiter. Als sie auf der Königstraße ankommen und im Menschengewimmel untertauchen, legt sich ganz langsam ihre Erregung. G. bemerkt erst jetzt, dass er seine Waffe vor lauter Aufregung am Tatort nicht entsicherte. H. und G., jäh aus ihren Träumen gerissen, sind wieder in der Wirklichkeit gelandet.

PANIK UND FLUCHT Ohne sich in der Stadt auszukennen, irren Konrad H. und Franz G. durch das nächtliche Stuttgart. »Wir müssen die Hauptstraßen meiden, da sind wir sicherer«, bemerkt H. Zu Fuß laufen sie in Richtung Bad Cannstatt und weiter bis nach Fellbach. Es beginnt zu regnen. Mit einem Mal leuchtet an einem Gebäude ein Schild auf: »Polizei«. Fluchtartig verlassen sie die Ortschaft und schleppen sich über Äcker und Wiesen weiter. Sie stolpern durch die Nacht in den Sonntag hinein.

Es ist Sonntagmorgen, fast 13 Uhr, als H. und G. in Plochingen ankommen. Mehrmals versuchen sie, ein Auto anzuhalten. Endlich stoppt ein schwarzer VW, besetzt mit einem ungefähr 23-jährigen Fahrer. Jede Raublust der beiden ist verflogen. Apathisch, übermüdet und vollkommen fertig lassen sie sich in die Sitze fallen, wenigstens bis Nürtingen kommen sie nun. Auf der Straße nach Reutlingen gelingt es ihnen, wieder ein Fahrzeug heranzuwinken, das sie bis Reutlingen mitnimmt. Es ist 15 Uhr. Ohne Geld stehen sie da. H. und G. gehen zur Arbeitsstelle von H., der den hinterlegten Hausschlüssel holt und aus der Kaffeekasse ein paar Mark entwendet, um die Busfahrkarten nach Engstingen bezahlen zu können. Am Sonntag, 17. Juni, gegen 16.30 Uhr kommen sie in Engstingen an, todmüde fallen sie ins Bett.

ZURÜCK IM WIRKLICHEN LEBEN Wie gewohnt geht H. am nächsten Morgen, es ist Montag, 18. Juni, nach Reutlingen zur Arbeit. Franz G. ruft seinen Freund gegen Mittag im Büro an: »Sie haben uns! Wir müssen uns sofort treffen.« Allerdings kommt G. nicht zum verabredeten Treffpunkt. Konrad H. wird unruhig, sieht einen Polizisten und denkt an eine Falle. Mit dem Fahrrad fährt er zu einer französischen Kaserne in Reutlingen, spricht bei einem Offizier vor und erkundigt sich nach der Fremdenlegion. Nun fällt ihm ein, dass er Franz nicht so alleine zurücklassen möchte. Er ruft ihn aus der Kaserne an. Sie treffen sich in Reutlingen. Franz berichtet H., dass er seinem Bruder von dem Überfall erzählt hat und der Fall schon in allen Zeitungen steht. Gemeinsam gehen sie zurück in die Kaserne, entschlossen, in die Fremdenlegion einzutreten. Der dortige Offizier teilt ihnen mit, dass sie sich in Deutschland nicht bewerben könnten, dazu müssten sie nach Frankreich fahren. »Bei Kehl müsst ihr über den Rhein und dann geht einfach zur nächsten Polizeiwache.«

Es ist nun schon 17 Uhr, als die beiden die Kaserne verlassen und nach Engstingen aufbrechen. Auf der Rückfahrt kommen H. doch Bedenken, den Schritt zur Fremdenlegion zu wagen. Alles Überreden von Franz hilft nichts, Konrad H. hofft, nicht verraten zu werden und wieder ins bürgerliche Normalleben zurückkehren zu können. Noch am selben Abend fahren sie wieder nach Pfullingen und treffen nach der Kinovorstellung mit Heiner G. zusammen. Als Konrad H. von Heiner erfährt, dass der nicht daran denke, zur Fremdenlegion zu gehen, ist auch für H. die Entscheidung gefallen: Er bleibt. »Wenn du in der Legion bist, lass was von dir hören«, verabschiedet sich H. von seinem Freund Franz, den er, wie er glaubt, nun für lange Zeit nicht mehr sehen wird.

Franz ist nach wie vor fest entschlossen zu fliehen. Seinem Bruder Heiner gelingt es in den Abendstunden des 18. Juni gegen 23 Uhr noch, im »Löwen« in Pfullingen für Franz ein Zimmer für die Nacht anzumieten. »Du gehst ja jetzt zur Fremdenlegion, dann kannst du mir ja deine Pistole geben«, schlägt Heiner beim Abschied seinem Bruder vor. Franz überreicht ihm die Waffe und zieht die Türe im »Löwen« hinter sich zu.

Als Heiner nachts zu Hause eintrifft, ist sein Vater noch wach und macht ihm heftige Vorwürfe. Als Heiner erzählt, er wisse nicht, wo Franz sei, wird der Vater noch wütender. »Lüg nicht«, brüllt der alte G. ihn an. »Er hat seinen besten Anzug angezogen und gesagt, er würde mit dir ausgehen!« Heiner legt sich zwar ins Bett, aber nun kommen ihm doch große Bedenken. Er steht wieder auf, geht in das Schlafzimmer seiner Eltern, weckt sie aus ihrem Schlaf und sagt: »Franz kommt nicht mehr!« Er gibt seinen Eltern die Zeitung und erklärt: »Der, der geschossen hat, ist der H.« Dann berichtet er, dass sein Bruder im »Löwen« nächtige und früh am nächsten Morgen nach Frankreich zur Legion gehen wolle. Inständig bittet Heiner seinen Vater, den Bruder gehen zu lassen und ihn nicht anzuzeigen. »Trotzdem es mein eigener Sohn ist, ich werde ihn anzeigen«, bestimmt der Vater. Sie holen die Pistole aus der Aktentasche und treffen gegen 3 Uhr am Morgen des 19. Juni beim Polizeirevier Pfullingen ein.

DER PROZESS Bis zum 9. Juli laufen die Vernehmungen und Ermittlungen. Bereitwillig erzählen die beiden über 40 Seiten hinweg jede Einzelheit von der Planung bis zum Ende. Akribisch schälen die Kriminalbeamten die Tatbeteiligung von Heiner G. heraus, so dass dieser am 29. Juni 1955 vorläufig festgenommen und als Anstifter vor Gericht gestellt wird. Der Landesjugendarzt, Psychiater und Neurologe Dr. Hundertmark kommt in seinem Gutachten zu dem Schluss, dass die beiden Angeklagten strafrechtlich voll verantwortlich sind. Da Konrad H. und Franz G. zur Tatzeit noch nicht volljährig waren und »weil die Gesamtwürdigung ihrer Persönlichkeit ergeben habe, dass sie nach ihrer sittlichen und geistigen Entwicklung noch Jugendlichen gleichstanden«, wird der Fall vor einer Jugendkammer beim Landgericht Stuttgart verhandelt.

Der unheilvolle Einfluss der Filme und literarischen Erzeugnisse sowie mangelnde Aufsicht der Eltern werden ebenfalls als tatfördernd vom Gutachter und der Presse gebrandmarkt. Am 11. Dezember 1955 erhalten die Mörder von Alfons Knoblauch die Höchststrafe. Wegen versuchten schweren Raubs in Tateinheit mit einem gemeinschaftlich begangenen Mord werden Franz G. und Konrad H. zu einer Jugendstrafe von zehn Jahren verurteilt. Heiner G. erhält wegen Anstiftung zu schwerem Raubversuch eine Strafe von drei Jahren Gefängnis.

POST AUS DEM GEFÄNGNIS

Schwäbisch Hall, den 4.1.1956
Lieber Herr Frey!
Ich war etwas enttäuscht, als Sie am Schluß der Verhandlung nicht auftauchten. Ich weiß auch nicht warum, aber mit Ihnen hätte ich mich gern noch ein wenig unterhalten. Bei der Verhandlung hat es mich gefreut, daß es zwischen uns beiden als einzigen keine Differenzen gab. Ich habe auch nicht gesagt, meine Aussagen hätte ich unter Vorhaltungen gemacht, wie der eine behauptete. Das haben Franz und Heiner gesagt. Ich finde, daß Sie u. Herr Härtlein mit mir ne Menge Geduld gehabt haben. Es kann sein, daß ich beim Verhör ziemlich bockig war. Aber es ist ja so: ich mußte in meinem ganzen Leben nie so ausführlich Recht u. Antwort stehen. Daheim habe ich mich immer durchgesetzt u. draußen erst recht. Ich hab sogar schon meinen Chef stehen lassen u. bin abgedampft. Während meiner Lehre hab ich genau 2x Krach gehabt. Wo ich praktiziert hab, hatte ich viel Streit mit meinem Meister. Der hat sich aber wegen allem aufgeregt u. viel schreckliche Flüche getan was mir gefallen hat. Bei dem muß man nur tüchtig spotten. Ich war so ziemlich der einzige in der Fabrik der ihm immer widersprach, die meisten haben Angst vor ihm. Und nun hatte ich etwas getan, was mir selber furchtbar war u. sollte da noch dauernd Fragen beantworten müssen. Ich hab mir dabei auch Mühe gegeben, wenn's auch nicht so aussah. Wenn mich ein anderer vernommen hätte, der nicht auch vernünftig mit einem gesprochen hätte, sondern nur geschrien, Sie können mir glauben, ich hätte den ganzen Tag keinen Ton gesagt. Mir war sowieso alles schnuppe. Es ist eigentlich komisch, Sie und Herr Härtlein u. auch die anderen sind mir eigentlich nie als Gegner erschienen. Wenn ich entlassen werde, werde ich Sie mal besuchen. Herr Härtlein wird ja noch da sein, aber nicht Fräulein Paulus, ich schätze daß die in

nächster Zeit heiratet. Ihre Kollegin hat mal gesagt, sie würde lieber ½ Tag verrückt schreiben, als ½ Std. mit dem da (nämlich mich), ich habs aber doch gehört. Sie können sich nicht vorstellen wie bekannt ich bin, also überall kennt man mich. Ich hab schon 3 erschossen, ich sage einfach ja. Meine letzte Beute betrug 200 000.– DM an Geld, Juwelen und Edelsteinen. Die hab ich natürlich versteckt u. damit sich die Polizei nicht blamiert kams nicht in der Zeitung. So langsam krieg ich Spaß daran. Wie dumm doch manche sind. Letztesmal war ich mit Franz zusammen. Ich wurde gefragt wie ich verhört wurde. Da sagte ich, natürlich mit Scheinwerfer (wie im Film eben), einer fragt auch nachts, ich sage ja, meistens u. Franz sagt: oft Tag u. Nacht bis man zusammenbricht, immer 10 Mann die einen fragen. Wir mußten hungern u. dursten u. Zugucken wie die Kripo aß u. rauchte. Da waren etwa 25 Mann im Raum, aber alle glauben es. Ich ersticke beinahe vor innerem lachen. Dann habe ich noch mit Franz über den letzten Bankraub gesprochen, wie gut dabei der neue Amiwagen lief u. wie schön es in Paris, Genf u. an der Riviera gewesen sei. Da hören dann alle atemlos zu. Ich finde, wir waren sehr dumm, aber andere sehen nicht ihre Fehler ein. Aber die werden es alle nochmal bereuen. Ich möchte jetzt Schlosser lernen, ich glaube daß ich das auch darf. Den Beruf kann man überall brauchen. Vielleicht kann ich mich später selbstständig machen, wenn man mir draußen nicht zuviele Steine in den Weg legt. Aber ich werde mich schon durchbeißen. Ich sehe meiner Zukunft wieder mit Hoffnung entgegen. Man muß ja nicht gleich ein Land erobern. Grüßen Sie auch Herrn Härtlein u. Fräulein Paulus.

   Mit freundlichem Gruß
   Konrad H.

Das sichergestellte Waffenarsenal mit den zum Überfall mitgeführten Pistolen der Täter Konrad H. und Franz G.

DER ERSTE KIDNAPPING-FALL IN DEUTSCHLAND

Am 25. April 1958 geschieht in Stuttgart ein Verbrechen, das im bisherigen Nachkriegsdeutschland einmalig ist: Ein sechsjähriger Junge wird entführt und ermordet. Der Täter fordert vom Vater 15 000 Mark Lösegeld. Kein Verbrechen in der Stuttgarter Kriminalgeschichte hat in den späten 1950er-Jahren eine so gewaltige Presse-, Rundfunk- und Fernsehberichterstattung ausgelöst und die gesamte Öffentlichkeit so intensiv beschäftigt wie der Tod des kleinen Joachim Göhner.

Kidnapping – das kannte man in der bisherigen Kriminalphänomenologie allenfalls aus dem fernen Amerika. Das 1932 entführte Lindbergh-Baby war der prominenteste Fall. Die berüchtigten Entführungen der italienischen Mafia begannen in den 1950er-Jahren. Aber im beschaulichen Stuttgart, das sich gerade aus dem Nachkriegselend herausarbeitete und in ein grandioses Wirtschaftswunder startete – unvorstellbar. Kriminalhauptkommissar Frey und seine Beamten stehen vor der größten beruflichen Herausforderung ihrer Polizeilaufbahn. 21 Tage lang ermitteln sie Tag und Nacht und jagen den Mörder. Dann klicken die Handschellen und der 40-jährige Gärtner Emil T. ist gefasst.

PROLOG Stuttgart, 15. April 1958, es ist Vormittag: Der Gelegenheitsgärtner Emil T. sieht sich schon fast am Ziel. Bald, sehr bald wird er so viel Geld besitzen, dass er seiner großen Liebe Leni Klug eine finanziell gesicherte Zukunft bieten kann. Mit einem gestohlenen Fahrrad fährt er durch die Degerlocher Villengegend. Um 11.30 Uhr spricht er schließlich einen kleinen Jungen an, der aus einem Gartengrundstück herauskommt und interessiert einem Eichhörnchen zuschaut. »Möchtest du Rehlein sehen?«, fragt er das arglose Kind. »Ja, gerne«, antwortet der Kleine, »ich muss aber spätestens um 13 Uhr zu Hause sein.« T. setzt den Jungen auf den Gepäckträger seines Fahrrads und radelt mit ihm davon.

EIN LEBEN FÄHRT ACHTERBAHN Emil T. wird 1917 im rheinländischen Viersen geboren und wächst dort auf. Schon früh muss er auf seine vier jüngeren Schwestern aufpassen. Nach der Volksschule folgt eine Gärtnerlehre. Regelmäßige sonntägliche Kirchgänge bis zum 17. Lebensjahr. Er muss zwar den Lohn an seine Eltern abgeben, aber über Trinkgelder finanziert er seine Kinobesuche und Zigaretten. Mit seiner Kindheit verbindet er positive Erinnerungen: keine Schläge, strenge Erziehung, wie es eben damals üblich war. Mit 18 Jahren lernt er seine erste Freundin kennen, nach zwei Jahren ist Schluss. Mehrere Arbeitswechsel folgen, bis er 1938 zum Reichsarbeitsdienst eingezogen wird. Im November 1938, zu Beginn seiner Wehrdienstpflicht, kommt er zu einer Eisenbahnpioniereinheit. Dann folgen sechs Jahre Krieg. Über Danzig geht er als Brückensprenger nach Frankreich und anschließend nach Russland. Über Griechenland gelangt Emil T. dann in die Normandie. Nach der Invasion durch die Alliierten ist T. dort für Brückensprengungen zuständig. Das Kriegsende erlebt er in der Nähe von Ulm. Nach dem Krieg, auf dem Heimweg zu seinen Eltern, lernt er im schwäbischen Buttenhausen seine spätere Ehefrau Hilde Müßig kennen, die ihn aufnimmt und verpflegt. Der Soldat und die Kriegerwitwe freunden sich an.

Zerlumpt und ausgehungert schlägt er sich durch nach Viersen zu seinen Eltern, deren Wohnhaus zerbombt ist, die ihn aber aufnehmen. Er arbeitet wieder bei seinem alten Gärtnerbetrieb und hilft abends beim Wiederaufbau des beschädigten Elternhauses. Er bleibt in Briefkontakt mit Hilde Müßig und besucht sie Anfang 1946, man spricht von möglicher Heirat. Hilde Müßig wird schwanger und bringt im Dezember 1947 einen Sohn zur Welt. Am 30. Dezember 1947 heiraten Emil T. und Hilde Müßig, doch in Buttenhausen findet Emil T. keine Arbeit. In der Schlossgärtnerei in Allmendingen an der Donau kommt er schließlich unter, Frau und Sohn ziehen nach. 1949 gibt es Auseinandersetzungen in der Schlossgärtnerei, die ihn zur Kündigung veranlassen.

Bis 1954 schlägt sich Emil T. als Gelegenheitsarbeiter durch. Er kauft sich ein Dreirad und fängt in Wurmlingen einen Handel mit Gärtnereiprodukten an. Das Geschäft läuft gut. Emil T. erwirbt einen Lieferwagen, zahlt 300 Mark an und vereinbart Ratenzahlungen. Doch mit der Zeit gehen die Umsätze zurück und Emil T. kann seine Raten nicht mehr zahlen. In seiner Not geht er auf Alteisen-Diebestour. Er wird gefasst, erhält drei Monate mit Bewährung und verliert den Führerschein. Dass er sich ohne Fahrpapiere sofort wieder ans Steuer setzt, hat Folgen: Emil T. wird von der Polizei erwischt und wandert nun für vier Wochen ins Gefängnis. Als er wieder nach Hause kommt, erklärt ihm seine Frau, dass er gehen soll, und stellt ihm einen Koffer mit Kleidern vor die Tür.

Per Anhalter kommt Emil T. 1954 nach Stuttgart. In Vaihingen findet er eine Stelle als Landschaftsgärtner und sein Chef besorgt ihm ein Zimmer in Rohr. Eine schwere Krankheit führt im Jahr 1956 dazu, dass er insgesamt ein Vierteljahr in zwei Stuttgarter Krankenhäusern verbringen muss. Mitte 1956 wird T. schuldig geschieden und muss Unterhalt bezahlen. Seine Ex-Frau übt heftigen Druck auf ihn aus und zeigt ihn mehrmals wegen unterlassener Unterhaltszahlungen an. Emil T. gerät immer stärker ins Schlingern. Lethargisch, desillusioniert und von massiven Geldsorgen geplagt weiß er nicht mehr weiter. Am 24. Dezember 1956 verlässt er das Krankenhaus. Unmittelbar darauf, im Januar 1957, wird er erneut arbeitslos, da die Witterungsverhältnisse keine Gärtnerarbeiten zulassen. Er schaltet in den Stuttgarter Zeitungen Annoncen und bietet sich als freier Gärtner an. Kurz geht es wieder aufwärts, da er genügend Aufträge in ganz Stuttgart erhält. Allerdings meldet er seine selbstständige Tätigkeit weder beim Gewerbe- noch beim Finanzamt an.

EINE SCHICKSALHAFTE BEGEGNUNG Seit Januar 1957 arbeitet Emil T. als selbstständiger Gärtner. Als er im März 1957 eine Tanzveranstaltung in der Gaststätte Vogelsang im Stuttgarter Westen besucht, bahnt sich eine entscheidende Wende in seinem Leben an: Er lernt die 47-jährige Leni Klug kennen, die auf der Faschingsfeier mit einer Arbeitskollegin dem grauen Alltag entflieht. Die gelernte Verkäuferin ist im polnischen Kolberg aufgewachsen, hat 1934 den Bankkaufmann Harald Klug geheiratet und von ihm zwei Kinder bekommen. Im Kriegseinsatz 1943 fängt ihr Mann ein Verhältnis an, ihre Ehe bekommt erste Risse. Im Sommer 1945 wird Leni aus Kolberg vertrieben und kommt mit ihren Kindern in Berlin bei Verwandten unter. Als Näherin, Strickerin und Fernsprecherin schlägt sie sich in der zerbombten Großstadt durch. Harald Klug ist in den Westen geflüchtet und findet 1951 eine Anstellung als Bankkaufmann in Stuttgart bei der Württembergischen Landessparkasse. Die Situation in Berlin spitzt sich zu. Harald Klug schickt seiner Frau ab und zu Lebensmittelpäckchen und verspricht, seine Familie nach Stuttgart zu holen.

Im April 1953 treffen Frau und Kinder schließlich in Stuttgart ein. Im Zimmer ihres Mannes findet Leni Klug Unterschlupf, die Kinder werden in möblierten Zimmern bei verschiedenen Vermietern untergebracht. 1955 gelingt es der Familie, in Degerloch in der Wurmlinger Straße eine Zweieinhalbzimmerwohnung zu beziehen. Die Ehe ist jedoch am Ende, denn Klug hat die Beziehung zu seiner Geliebten seit dem Krieg nie aufgegeben. Die Nebenbuhlerin wohnt ebenfalls in Stuttgart. Inzwischen sind die Kinder verheiratet und Leni Klug fühlt sich ausgebrannt, enttäuscht und nervlich angeschlagen.

Als Emil T. Leni Klug auf der Faschingsfeier kennenlernt, ist er fasziniert von der Persönlichkeit dieser Frau und verliebt sich im Nu. Es entsteht eine Freundschaft zwischen den beiden, ohne dass sie sich sexuell näherkommen. Sie treffen sich regelmäßig zu Spaziergängen und Kinobesuchen. Leni Klug gesteht Emil T., dass ihr Mann seit Jahren ein Verhältnis hat und sie zwar noch gemeinsam unter einem Dach leben, aber die Ehe kaputt ist. Sie lädt ihn zu sich nach Hause ein und nach vier Wochen kommt es schließlich zu Intimitäten.

Um näher bei seiner Leni zu sein, bezieht Emil T. im Oktober 1957 ein Zimmer in der Jahnstraße in Degerloch. Gegen Erledigung der Gartenarbeiten darf er dort umsonst wohnen. Im Haushalt der Klugs trifft er auch mit dem Ehemann zusammen, was diesen jedoch nicht stört. Im Gegenteil, Klug ermuntert seine Frau sogar, sie solle ihren neuen Liebhaber doch heiraten. Im Sommer 1957 fährt Emil T. zusammen mit Leni Klug für eine sechstägige Urlaubsreise in seine Heimatstadt Viersen. Immer mehr drängt er seine Geliebte, sich doch von ihrem Mann scheiden zu lassen und ihn zu heiraten. Leni Klug denkt aber nicht daran, sich nochmals zu binden, nach den Erfahrungen ihrer Ehe. Sie ist froh, jemanden zu haben, mit dem sie zusammen sein kann, aber eine Scheidung und anschließende Heirat mit Emil T. kommen für sie nicht infrage.

Emil T. gibt nicht auf und beteuert, dass sein Gärtnerberuf genug abwerfen würde, um eine gemeinsame Zukunft aufbauen zu können, doch Leni Klug weicht immer wieder aus. »Wenn ich 20 000 Mark hätte«, so sagt sie im Sommer 1957, »würde ich mich sofort scheiden lassen.« Emil T. ist klar, dass er diese Summe nie aufbringen kann. Immer dringender wird sein Wunsch, mit Leni ein neues, bürgerliches gemeinsames Leben zu führen. Zum ersten Mal in seinem Leben fühlt er sich in der Nähe einer Frau geborgen und zufrieden, weit weg von seinen finanziellen Sorgen und den belastenden Unterhaltsforderungen seiner Exfrau. Weihnachten 1957 drängt er Leni schließlich zu einer Entscheidung. Emil T. tischt seiner Geliebten eine Lüge über ein Bankkonto mit 10 000 Mark auf. Er hofft, mit der erfundenen Geldsumme Leni Klug endgültig für sich zu gewinnen. Sie vertröstet ihn weiter.

DIE ENTSCHEIDUNG »Bis Mai habe ich das Geld zusammen, dann musst du dich entscheiden«, teilt Emil T. Leni Klug mit. Obwohl ihm seine Freundin zu verstehen gibt, dass sie sich nicht unter Druck setzen lassen wird, ist bei dem Gärtner die Entscheidung gefallen: Das Geld muss unter allen Umständen bis Mai beschafft werden. Beim Blättern in einer Illustrierten stößt Emil T. Anfang März auf einen Artikel, der ihn sofort elektrisiert. Groß aufgemacht wird die Entführung eines jungen sizilianischen Adeligen in Sizilien mit Lösegeldforderung geschildert. In Emils Kopf rast es kreuz und quer. Er spielt alle Möglichkeiten eines Kindesraubs gedanklich durch. Sehr schnell wird ihm klar, dass er ein entführtes Kind nirgends verstecken und bis zur Lösegeldübergabe unbemerkt unterbringen kann. Als möglichen Hinterlegungsort für das Lösegeld sucht T. eine ihm vertraute Gegend zwischen Vaihingen und Möhringen aus. Dort, in der Nähe einer Gärtnerei, kann er von einem etwas höher gelegenen Beobachtungsposten aus die Geldablagestelle bestens einsehen.

Schließlich fasst T. den Entschluss, ein Kind aus einer Villengegend zu entführen und zu töten. Er macht sich auf die Suche nach einem geeigneten Opfer und durchstreift dabei sowohl die Halbhöhenlage am Killesberg als auch Straßen in Degerloch und Sonnenberg. Es ist Donnerstag, 10. April, ungefähr 20 Uhr, als er in Sonnenberg einen Jungen mit einem Fahrrad auf dem Gehweg stehen sieht. T. spricht den ungefähr zehnjährigen Jungen an:

»Möchtest du Rehlein sehen?« Der Junge verneint und schiebt sein Fahrrad weiter. Er gibt sein Vorhaben für diesen Tag auf, geht zu seiner Freundin Leni Klug und verbringt den Abend mit ihr. Am Freitag klaut T. ein Fahrrad und geht erneut auf Tour. Auch diesmal kommt er nicht zum Ziel. Weit und breit kein Kind, das er ansprechen könnte. Das Wochenende verbringt Emil T. wieder bei Leni Klug und am Montag setzt er seine Opfersuche fort.

Emil T. wird immer nervöser, weil er schon tagelang vergeblich auf der Suche nach einem Opfer ist. In der Nacht zum 15. April findet er kaum Schlaf. Er fühlt sich immer stärker unter Zeitdruck. Leni Klug verspricht er, in Kürze das Geld in Viersen abzuheben. Am Dienstag, 15. April, muss er zum Ziel kommen, koste es, was es wolle. Rastlos fährt er mit dem gestohlenen Fahrrad durch Degerloch. Und tatsächlich: Um 11.30 Uhr setzt sich der sechsjährige Joachim Göhner arglos auf den Gepäckständer des gestohlenen Rades und begibt sich damit in die Gewalt seines Entführers und Mörders.

Mit diesem Damenfahrrad transportierte Emil T. sein Opfer in den Haldenwald

DIE ENTFÜHRUNG UND ERMORDUNG Quer durch Degerloch radelt Emil T. mit dem Kind nach Sonnenberg in Richtung Haldenwald. Der aufgeweckte Junge erzählt ihm, dass er morgen eingeschult wird, nennt ihm seinen Namen und die Telefonnummer seines Vaters. Auffällig oft erzählt er von seinem Freund Maximilian, dessen Namen sich Emil T. einprägt. Beim Überqueren von Straßenbahnschienen bemerkt der kleine Joachim, dass er eigentlich noch nicht Rad fahren dürfe, denn er habe eine Bauchoperation gehabt und die Wunde sei noch nicht ganz verheilt.

Im Haldenwald angekommen, versteckt Emil T. das Fahrrad im Gebüsch, legt sich Handschuhe an und geht mit dem Jungen in ein Dickicht. T. hält ihn an, sich ganz still zu verhalten und sich anzupirschen, um das Rehlein zu sehen. Als der Kleine in hockender Stellung vor ihm kniet, erwürgt er das Kind von hinten. Er fesselt die Leiche, verlässt den Tatort und fährt mit dem Fahrrad in die Innenstadt. In einer Gaststätte trinkt er eine Cola und wirft die Handschuhe weg.

EIN KIND VERSCHWINDET Joachim Göhner, ein sechsjähriger, aufgeweckter Junge, wächst im Stuttgarter Vorort Degerloch in der Löwenstraße, einem Villenviertel, auf. Er hat noch einen zehnjährigen Bruder. Seine Eltern sind geschieden, die Mutter ist aus der gemeinsamen Wohnung ausgezogen und der Vater erhielt das Sorgerecht für die beiden Söhne. Da Göhner als Textilvertreter viel unterwegs ist, kümmern sich eine Wirtschafterin und eine Kinderschwester um Haushalt und Kinder. In dem Zweifamilienhaus bewohnt die Familie eine große Fünfzimmerwohnung zur Miete. Trotz der schwierigen familiären Situation ist der Sechsjährige vertrauensselig, hilfsbereit und offen. Sein Bruder ist am Vormittag des 15. April in der Schule, der Vater geschäftlich in der Innenstadt. Für den Nachmittag hat er Joachim versprochen, gemeinsam mit dem Bruder auf die Schwäbische Alb zu fahren, um dessen Modellsegelflugzeug auszuprobieren. Da

Joachim am nächsten Tag eingeschult werden soll, fragt er seine Kinderschwester Traute, ob er noch zu seinem Spielkameraden Florian gehen dürfe. Um 11.15 Uhr erlaubt die Kinderschwester dem Kleinen, bis zum Mittagessen um 13 Uhr auf der Straße zu spielen.

Als der Vater zum Mittagessen nach Hause kommt und der Junge um 14 Uhr immer noch nicht erscheint, verständigt er das Polizeirevier, sucht mit dem zehnjährigen Bruder nach seinem jüngsten Sohn und geht schließlich gegen 17 Uhr zur Weiblichen Kriminalpolizei, die für vermisste Kinder zuständig ist, um eine Vermisstenanzeige zu erstatten. Über Rundspruch werden alle Polizeireviere informiert. Trotz starker Regenfälle werden die Waldgebiete entlang der Filderlinie durchkämmt, aber erfolglos. Radiodurchsagen erfolgen, die Redaktionen der Stuttgarter Zeitungen werden in Kenntnis gesetzt und am nächsten Tag wird die Bevölkerung über den vermissten Jungen informiert.

Fahndungsbild des vermissten Joachim Göhner nach dem Verschwinden des Kindes

DIE VERWECHSLUNG Maximilian Groß. Emil T. hat sich den Namen des Freundes, den der Junge mehrmals während der Fahrradfahrt genannt hat, gut merken können. Doch in seiner Aufregung kommt T. durcheinander. Er nimmt an, dass Maximilian der Name des von ihm getöteten Jungen ist. In einem Fernsprechhäuschen in der Innenstadt sucht er im Telefonbuch nach der Telefonnummer des Vaters von Maximilian, Herrn Groß, und ruft dort mehrmals erfolglos an. Abends fährt er zu Leni Klug und teilt ihr mit, dass er am nächsten Tag, dem 16. April, nach Viersen fahren und die 10 000 Mark von seinem Konto abheben werde. Voraussichtlich werde er am 18. oder 19. April wieder zurück sein.

In den Vormittagsstunden des 16. April ruft Emil T. wieder bei Groß an. »Ihr Junge ist doch vermisst oder verschwunden«, sagt er zu dem verdutzten Vater. »Nein, mein Sohn ist nicht vermisst«, antwortet Groß. T. ist erschüttert, er weiß nicht mehr, wen er entführt und umgebracht hat. Um den Namen zu erfahren, kauft er sich eine Tageszeitung, in der er auf die Vermisstenmeldung stößt. Dadurch erfährt T., dass der sechsjährige Joachim Göhner und nicht dessen Freund Maximilian sein Opfer ist.

ERSTE LÖSEGELDFORDERUNG Am 17. April, kurz nach Mitternacht, meldet sich Emil T. beim Vater des Kindes und teilt ihm mit, dass er den Jungen entführt habe. Für die Rückgabe fordert er 15 000 DM, für jeden weiteren Tag Verzögerung zusätzliche 5 000 DM. Hinzu kommen die üblichen Drohungen für den Fall, dass Göhner die Polizei einschaltet. In den Nachmittagsstunden schneidet Emil T. in seinem Zimmer Buchstaben und Wörter aus drei verschiedenen Tageszeitungen aus. Mit Holzstäbchen, die er in Honig tunkt, klebt er seine Botschaft auf den Karton eines Briefblockes. Er verzichtet bewusst auf Klebstoff, um eine Klebstoffuntersuchung zu vereiteln und keine Spuren zu hinterlassen. Die Nachricht legt er in ein Warenhauskuvert, deckt den Umschlag mit einem im Gelände gefundenen Stück Wellpappe zu, beschwert die Sendung mit einem Stein und fährt mit dem Fahrrad zu dem Ort, den er für die Ablage des Geldpaketes ausgesucht hat. Zeitungen, Holzstäbchen

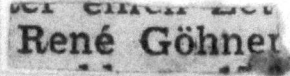

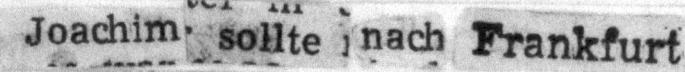

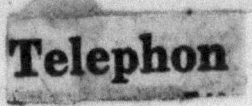

Erpresserschreiben mit aus Tageszeitungen ausgeschnittenen Buchstaben

und Teile des Briefblocks verbrennt er umgehend und verrührt noch die Asche.

DIE ARBEIT DER SONDERKOMMISSION Noch in der Nacht übernimmt Kriminalhauptkommissar Frey, Leiter der Inspektion 1 und der Mordkommission, die Ermittlungsführung. Die einmalige, so bislang nicht gekannte Fallkonstellation erfordert unmittelbares Reagieren. Ad-hoc- Entscheidungen bestimmen deshalb seine Arbeitsschritte. Ab sofort werden die Ermittlungen äußerst vorsichtig geführt, denn als oberste Priorität gilt, das Leben des Kindes durch die Ermittlungen nicht zu gefährden, so es noch lebt. Der polizeiliche Schriftverkehr, Handzettel, Rundfunkbekanntmachungen, Befragungen und eine ausgesetzte Belohnung von 1000 DM werden ganz allgemein auf das Verschwinden des Kindes und die Möglichkeit eines Kapitalverbrechens abgestellt. Die Polizei fordert die Zeitungsredaktionen auf, keine Mutmaßungen in Richtung Erpressung verlautbaren zu lassen. Bis auf eine Ausnahme halten sich alle daran.

Noch am 17. April findet eine groß angelegte Suchaktion mit zwei Hundertschaften der Bereitschaftspolizei, 40 Hundeführern und 30 Polizeireitern statt. Auch diese Durchsuchung mit insgesamt 360 Beamten verläuft ohne Erfolg. Umfragen in der Nachbarschaft, in Kindergärten, Kinderheimen und Schulen, in Gaststätten und Hotels – alles ergebnislos. Die Überprüfung von gestohlenen Fahrzeugen sowie Nachfragen bei der Taxizentrale und bei Mietwagenfirmen führen ebenfalls zu keinem Hinweis auf das Verbleiben des Kindes. Sicher ist nur, dass der Junge gegen 11.15 Uhr vor seinem Elternhaus auf der Straße gespielt hat. Der Vater lehnt aus finanziellen Gründen ab, das Erpressergeld zur Verfügung zu stellen. Er bittet um Schutz und Unterstützung durch die Kriminalpolizei. Der Einsatzleitung ist klar, dass das Übergabepaket mit echten Banknoten bestückt werden muss, wenn sie das Kind retten wollen. Die Geldscheine werden von der Stadt Stuttgart in der geforderten Höhe unverzüglich bereitgestellt, um jedes Risiko auszuschließen.

Die Einsatzleitung wird noch am selben Tag in die räumliche Nähe des Entführungsortes in die Kriminalaußenstelle Degerloch verlegt. Tornisterfunkgeräte, Fernsprechverbindungen zur Wohnung, zu den Observationsfußgruppen und dem Wähleramt der Post werden eingerichtet. Die Funklinien sind infolge ihrer Reichweite und Frequenzen nicht abhörbar. Rund um die Uhr steht eine Eingreifreserve mit Zivilfahrzeugen zur Verfügung, die mit Kriminalbeamten und Schutzpolizeibeamten in Zivil besetzt sind. Noch am selben Tag steht die Telefonüberwachung in der Villa, in der sich Tag und Nacht drei Kriminalbeamte aufhalten, beraten und den Vater unterstützen. Sie sichern ihm für die Geldübergabe die Begleitung durch einen Kripobeamten zu.

Der zehnjährige Bruder des Opfers wird während des Einsatzes bei einem Polizeibeamten in einer Polizeisiedlung untergebracht und geht mit dessen Sohn in die Schule. Der Vater wird rund um die Uhr observiert, ebenso die Löwenstraße. Göhners Pkw, ein Ford Taunus 12 M, wird für die verdeckte Aufnahme eines Kriminalbeamten und den Einbau technischer Einrichtungen umgebaut. Die Streifen der Kriminalpolizei erhalten Maschinenpistolen, Mehrladekarabiner, Leuchtpistolen, Ferngläser, Kartenmaterial, Spurensicherungsbesteck und Kleinstfunkgeräte, um für einen möglichen Geländeeinsatz gerüstet zu sein. Alles geschieht in hektischer Betriebsamkeit und in Erwartung des nächsten Anrufs. Da davon auszugehen ist, dass der Täter aus einer öffentlichen Telefonzelle seine Forderungen an den Vater stellen wird und die Überwachung von 497 Münzfernsprechern in Stuttgart mit Zivilkräften personell nicht zu stemmen ist, geht man folgendermaßen vor: Postbedienstete besetzen rund um die Uhr alle Stuttgarter Wählerämter. Im Wähleramt 7, das für die Wohnung Göhner zuständig ist, baut man eine Fangvorrichtung ein. Zwei Kripobeamte hören in der Wohnung die Erpresseranrufe mit. Per

Polizeifunk soll dann die Information über den Standort des Anrufers an die Polizeizentrale übermittelt werden, die wiederum das diesem Standort am nächsten postierte Streifenfahrzeug zur Absicherung bereithält. Parallel dazu soll das Kripofahrzeug direkt die Telefonzelle anfahren, um den Anrufer festnehmen zu können.

WEITERE TELEFONANRUFE Um 19 Uhr kommt der zweite, nunmehr bereits überwachte Anruf. Der Vater erkennt sofort die Stimme des Täters. Auf die Frage, ob er das Geld beisammen habe, antwortet Göhner, dass er erst 8 000 DM zusammen habe und noch einige Zeit benötige. Göhner versucht, den Anrufer mit weniger Geld zufriedenzustellen, doch Emil T. beharrt auf den 15 000 DM, schließlich sei man zu dritt. Der Entführer versichert, dass es dem Kind gut gehe. Dem verzweifelten Vater gelingt es nicht, das Gespräch auf über zwei Minuten auszudehnen. Die Post benötigt aber zehn Minuten, um einen Standort zu ermitteln.

Emil T. meldet sich um 22.45 Uhr erneut. Durch ein zufälliges Knacken – verursacht durch ein Wählgeräusch eines unbekannten Teilnehmers – spricht T. aber nur noch etwa eine Minute und erklärt, dass er das Kind erst zurückgeben werde, wenn er selbst in Sicherheit sei. Infolge einer falschen Eintragung auf den Ablesetabellen gelingt es der Post nicht, die Telefonzelle und damit den Standort des Entführers festzustellen.

Um 23.19 Uhr folgt der dritte Anruf an diesem Abend. Göhner fordert von Emil T. ein Lebenszeichen seines Sohnes. Da der Junge seinem Entführer während der Fahrradfahrt von seiner frischen Operationsnarbe erzählte, kann der Entführer dem Vater von dem Erkennungszeichen berichten. Tatsächlich war der Junge einige Monate zuvor wegen eines Leisten- und Hodenbruchs operiert worden. T.s Wissen erhöht für den Vater und die Polizei dramatisch die Wahrscheinlichkeit, dass der Täter den Jungen in seiner Gewalt hat. Emil T. weist Göhner an, mit seinem Pkw von Degerloch über Möhringen in Richtung Vaihingen zu fahren und nach seiner dort im Gelände abgelegten Anweisung weiter zu handeln. Obwohl das Gespräch diesmal über vier Minuten dauert, gelingt es wieder nicht, die Telefonzelle zu identifizieren.

ERSTER GELDÜBERGABEVERSUCH UM MITTERNACHT Im Anschluss an das Telefonat fährt Emil T. mit dem Fahrrad auf seinen Beobachtungsposten, von wo aus er, nach seinem Plan, den Pkw des anfahrenden Göhners sehr gut beobachten kann. Die Auswahl ist geschickt getroffen, ein etwaiges Abriegeln des mehrere Quadratkilometer umfassenden Areals lässt sich von diesem Platz aus problemlos erkennen und ermöglicht ein unbemerktes Entfernen.

Mit zwei im Fahrzeug verdeckt mitfahrenden Kriminalbeamten fährt Göhner zu dem von Emil T. bestimmten Ort. Mehrere Kripostreifenwagen postieren sich unauffällig in der Nähe. Weder Göhner noch T. bemerken die Aktivitäten. Am beschriebenen Ort, in einem offenen, nur von Buschgruppen, Hecken und nicht eingezäunten Gärten durchzogenen Gelände, findet Göhner die von T. hinterlegte Nachricht. Die Anweisung ist in ein Stück Wellpappe eingeschlagen, das verschmutzt und durch Witterungseinflüsse feucht geworden ist. Die Nässe hat einzelne aufgeklebte Lettern teilweise gelöst, so dass sich die damit beschriebene Geldablagestelle nicht auf Anhieb entziffern lässt. Nach dem mühsamen Zusammenfügen der Buchstaben ergibt der Text, dass Göhner das Geld von der Straße weg auf einer Anhöhe ablegen soll. Göhner legt nun die Geldsumme dort ab und bittet in einem Schreiben, das er dazu legt, um weitere Nachricht.

Emil T. befindet sich zu diesem Zeitpunkt aber bereits wieder in seinem Zimmer in Degerloch. Das Eintreffen des Fahrzeugs von Göhner hat er von seinem Beobachtungsposten schon nicht mehr gesehen. Wenige Minuten nachdem T. seinen Beobachtungsposten bezogen hatte, sah er nämlich im Süden ein blaues Licht aufblitzen und hörte Hundegebell vom Ortsrand Möhringen. Die Vermutung, dies könnte die Polizei sein, schlug den Entführer in die Flucht.

EINE FURCHTBARE ENTDECKUNG Seit sieben Tagen läuft nun schon die Suche nach dem Kind und seinem Entführer. Noch gibt die Polizei die Hoffnung nicht auf, den Jungen lebend zu finden. Am Dienstag, 22. April, muss ein 21 Jahre alter Dreher, der nach Arbeitsschluss von Sonnenberg den Fußweg über den Haldenwald nach Kaltental nimmt, austreten. Er traut seinen Augen kaum, als er im dichten Unterholz die gefesselte Leiche des kleinen Joachim Göhner entdeckt. Sofort informiert er die Polizei.

Tatort Haldenwald, Fundort von Joachim Göhner

Polizeibeamter zeigt den Weg zum Tatort

Das nach der Ermordung vom Täter gefesselte Opfer

EIN BEDAUERLICHER IRRTUM Der kleine Joachim, so erweist sich, wurde mit einer Hanfschnur stümperhaft gefesselt. Bei der gerichtsmedizinischen Untersuchung wird festgestellt, dass der Junge erwürgt worden ist. Bezüglich des Todeszeitpunktes kommen die Obduzenten zu dem Ergebnis, dass der Tod 12 bis 24 Stunden bzw. höchstens drei Tage vor dem Auffinden eingetreten sei – eine falsche Einschätzung, aus welcher die Ermittler konsequent, aber ebenso falsch folgern, dass der Junge bei der missglückten Geldübergabe noch gelebt haben muss. Ein weiteres Missgeschick kommt noch hinzu: Der Haldenwald wurde zwar am 18. April von Polizeikräften durchsucht, doch es wurden dabei keine Hunde eingesetzt, wodurch eine engmaschige Absuche unterblieb.

DIE EREIGNISSE ÜBERSCHLAGEN SICH / LETZTER TELEFONKONTAKT Emil T. informiert sich nach dem missglückten Geldübergabeversuch täglich in den Stuttgarter Zeitungen, der Filderzeitung und in der Bild-Zeitung über die polizeilichen Maßnahmen. Er fühlt sich von Tag zu Tag sicherer, da die Medien Fahndungsaufrufe im Zusammenhang mit dem nach wie vor als vermisst geltenden Jungen veröffentlichen. Den Ort der Geldablage sucht er nicht mehr auf. Erneut versucht der Mörder, an das Geld zu kommen. Obwohl das Haus der Göhners verdeckt observiert wird, gelingt es Emil T. in den Abendstunden des 22. April unbemerkt, ein um einen Stein gewickeltes Schreiben über den Gartenzaun zu werfen.

Sämtliche Maßnahmen wie Observation der Wohnung und Begleitung des Vaters werden von der Polizei unvermindert fortgeführt. Noch halten die Medien still. Der SDR unterlässt in den Abendnachrichten auf Wunsch der Einsatzleitung eine Mitteilung zum Tod des kleinen Joachim. In der Nacht zum Mittwoch, wenige Stunden nach dem Auffinden des ermordeten Kindes – die Beamten der Mordkommission und die Kriminaltechniker sind nach wie vor bei der Tatortarbeit an der Fundstelle und bei der

Sektion zugegen –, meldet sich Emil T. wieder telefonisch bei Göhner. Es ist 2.23 Uhr.

»Haben Sie das Geld zusammen?« Göhner, der erst vor ein paar Stunden vom Tod seines Jungen erfahren hat, bejaht diese Frage. »Ich hab' Ihnen eine Nachricht über den Gartenzaun geschmissen, da steht drin, wo Sie hinfahren müssen.« Das Gespräch dauert keine zwei Minuten. Der Vater ist nervlich am Ende und kann das Gespräch nicht länger hinauszögern; und wieder benötigt die Post mehrere Minuten, um die Zelle ausfindig zu machen, die in Degerloch steht. Emil T. ist währenddessen längst verschwunden. Göhner sieht sich nicht in der Lage, nochmals zu dem Ablegeort zu fahren. Seine Rolle übernimmt ein ihm ähnlich sehender Beamter. Bekleidet mit Göhners Hut und Mantel steigt der Doppelgänger in den Ford 12 M. Er stellt ein vorbereitetes Geldpaket, in dem sich ein präparierter Knallkörper befindet, mit starkem Leuchteffekt und auf Zugzünder eingestellt, am gewünschten Ort ab. In sicherem Abstand folgt ein zweiter Zivilwagen. Der darin sitzende Beamte ist mit einer Maschinenpistole bewaffnet. Wieder hat der Täter den Ablageort so gewählt, dass das weitläufige Gelände von verschiedenen Erhebungen aus gut einsehbar ist. 19 Funkstreifenwagen, die bei Zündung des Knallpakets in Aktion treten sollen, umstellen das Gebiet weiträumig. Aber auch diesmal wird das Paket nicht abgeholt, der Einsatz bei Einbruch des Tages abgebrochen. Wieder hat Emil T. die Chuzpe gefehlt, das abgelegte Geld abzuholen. Bei jedem Geräusch schrickt er zusammen. Entnervt und übernächtigt fährt er zurück in seine Wohnung.

EMIL T. GIBT AUF An diesem Mittwochmorgen wacht T. gegen 9 Uhr auf. In einem Degerlocher Café nimmt der nervöse Mörder sein Frühstück ein. Anschließend läuft er plan- und ziellos durch den Degerlocher Wald. Als er gegen 20 Uhr Leni Klug nicht in ihrer Wohnung antrifft, vermutet er sie bei ihrer Tochter. Bei der Straßenbahnhaltestelle Trümmlerstraße wartet T. auf Leni Klug, da er vermutet, dass seine Freundin hier aussteigen und dann zu Fuß nach Hause gehen wird. Seit dem 15. April hat er sie nicht mehr gesehen und keinerlei Kontakt gehabt. Tatsächlich steigt Leni Klug um 21 Uhr aus der Straßenbahn aus und traut ihren Augen nicht, als sie Emil T. dort stehen sieht.

Zunächst ist sie überrascht, denn ihr Geliebter scheint in einer schrecklichen Verfassung zu sein. Gemeinsam geht das Paar nach Hause in die Wohnung von Leni Klug, isst zu Nacht und geht anschließend spazieren. Als Klug nachfragt, wo Emil T. so lange gewesen sei, sagt er: »Du weißt doch, ich war in Viersen und wollte mein Geld abheben. Als mir dort mitgeteilt wurde, dass mein Konto gesperrt ist, bekam ich im Büro des Bankdirektors einen Nervenzusammenbruch. In der Wohnung meiner Schwester musste ich mich aufgrund meines Zustandes bis am Mittwochmorgen ins Bett legen. Am selben Tag fuhr ich dann zurück nach Stuttgart.« Emil T. verfolgt nun äußerst aufmerksam die Presse-Berichterstattung. Er fühlt sich sicher, da angeblich ein Täter gefasst ist und der Tod des Kindes nur wenige Tage zurückliegen soll. Emil T. nimmt wieder seine alten Gewohnheiten auf. Tagsüber arbeitet er als Gelegenheitsgärtner und seine Abende und das Wochenende verbringt er mit Leni Klug.

DIE MORDKOMMISSION IM KREUZFEUER Die – irrige – Meinung der Gerichtsärzte, Joachim Göhner hätte nach seiner Entführung noch ein paar Tage gelebt, führt die Kommission zu einer Trugspur und dem verzweifelten Suchen nach dem Verwahrort des Kindes zu Lebzeiten. Kellerräume, Schuppen, Stollen, Wochenend- und Gartenhäuser geraten in das Visier der Ermittler. Da die bekannten Anrufs-, Anweisungs- und Ablageorte allesamt im südlichen Teil der Stadt liegen, werden die Objekte in diesem Areal intensiv in Augenschein genommen.

Am 24. April kommt die Freundin eines Charlie Pückler zur Polizei und belastet ihren Freund schwer. Sie bewohnen in einem

Barackenlager ein Zimmer, das nur 500 Meter vom Fundort der Leiche entfernt liegt. Pückler wird von Lagerbewohnern als gefühlskalt und besonders gefährlich bezeichnet. Im Lager, so heißt es, habe er kleine Kinder wegen Nichtigkeiten geschlagen und gewürgt. Hinzu kommt sein plötzliches Verschwinden aus dem Lager, außerdem sei er angeblich mit einem ungefähr sieben Jahre alten Jungen in Begleitung einer unbekannten Frau in der Innenstadt gesehen worden. Das entscheidende Verdachtsmoment liefert die Freundin: Als man ihr das Tonband mit der Erpresserstimme vorspielt, bricht sie weinend zusammen und erklärt mit Sicherheit, dass es sich um Pückler handeln würde.

Eine Presse- und Öffentlichkeitsfahndung ist zu diesem Zeitpunkt nicht geplant, jedoch bekommt eine Zeitung von den Ermittlungen in diesem Lager Wind und fordert eine offizielle Pressenachricht. Andernfalls, so die Zeitung, werde sie ihre Erkenntnisse ohne Absprache veröffentlichen. Um Fehlmeldungen zu vermeiden, gibt Kurt Frey in Abstimmung mit der Staatsanwaltschaft nach: Die Öffentlichkeitsfahndung geht raus. Am nächsten Morgen wird Pückler in Marbach festgenommen. Er hat jedoch ein wasserdichtes Alibi und scheidet als Täter aus. Immer stärker rückt die Arbeit der Sonderkommission jetzt in das Kreuzfeuer der Medien.

DIE RUNDFUNKFAHNDUNG Der Druck der Presse, endlich die Stimme des Erpressers zu veröffentlichen, nimmt stetig zu. Da die Qualität der Bandaufnahmen zu wünschen übrig lässt, müssen die Originalbänder nach kriminaltaktischen Gesichtspunkten geschnitten und sowohl akustisch als auch technisch so aufbereitet werden, dass sie gesendet werden können. Fieberhaft wird nach Sprachwissenschaftlern gesucht, welche die dialektalen Besonderheiten des Anrufers analysieren und damit seine geografische Herkunft lokalisieren können. Am 30. April ist es so weit. Die Professoren Dr. Putzer von der Universität Saarbrücken und

Prof. Dr. Tricker aus Stuttgart erkennen einen Mischdialekt, der vorwiegend auf das Rhein-Ruhr-Gebiet hinweist.

Am 30. April und am 1. Mai wird die Stimme des Erpressers bundesweit ausgestrahlt. Bereits am 30. April in den Abendstunden gehen Hinweise ein, deren Zahl sich in den nächsten Tagen bis auf über 3 000 erhöht. Jedem einzelnen Hinweis geht die Polizei nach. Über 50 Beamte sind rund um die Uhr unterwegs. Im Laufe einer Woche erfolgen sechs Hinweise auf einen gewissen Emil T., die keinen dringenden Tatverdacht indizieren. Ja, es wird sogar zum Ausdruck gebracht, dass man diesem ehrenwerten Mann die Tat nicht zutrauen würde. Emil T. wird karteimäßig erfasst. Zunächst ermittelt die Polizei in dessen Umfeld. Behördenrückfragen erfolgen, Ermittlungen am Wohnsitz werden durchgeführt, häufig besuchte Lokale eruiert, der Bekanntenkreis erforscht, Vorstrafen durchforstet. Langsam zieht sich die Schlinge zusammen und Emil T. wird in seinem Zimmer aufgesucht.

EMIL T. HÖRT SICH IM RADIO T. ist wieder zurück in seinem alten Leben. Den Mord und die missglückte Erpressung verdrängt er so gut es geht. In der Zeitung liest er die veröffentlichten Texte der Tonbandaufnahmen aus den Erpressergesprächen mit Göhner. Bereits am 30. April hört er im Radio erstmals seine Stimme. Er ist sich sicher, dass er nicht erkannt wird. Am 1. Mai unternimmt er nachmittags zusammen mit Leni Klug einen Spaziergang. Sie gehen durch Sonnenberg und kommen an den Haldenwald. Am Waldrand setzen sie sich auf eine Bank. »Da unten ungefähr«, er deutet mit der ausgestreckten Hand in Richtung Fundstelle, »muss die Stelle sein, wo der Junge gefunden wurde.« Gemeinsam gehen sie nach Hause. Leni Klug steht in der Küche und bereitet das Nachtessen vor. Emil T. sitzt im Wohnzimmer, als der Radiosprecher ankündigt, dass die Stimme des Mörders des sechsjährigen Joachim Göhner zu hören sein wird. »Jetzt spricht der Täter im Radio«, sagt Emil T. zu Leni Klug in die Küche, die herbeieilt und den Fahndungsaufruf mitverfolgt. Nach der Ausstrahlung sagt sie zu ihm: »Das ›Ha‹ hast du dir genauso angewöhnt.« Ob sie auch den Dialekt oder weitere Ähnlichkeiten angesprochen hat, erinnert Emil T. später nicht mehr. Der Entführer und Mörder ist sich sicher, dass seine Freundin nichts bemerkte. Er ist froh, dass die Tonqualität nicht besonders gut ist, und atmet erleichtert auf, als Leni Klug wieder in die Küche geht. Anschließend essen sie zu Nacht und um 22 Uhr verabschiedet sich Emil T. von seiner Freundin, wie nach jedem Besuch.

DIE LETZTE STRAFTAT DES EMIL T. Der 4. Mai ist ein Sonntag, den Emil T. wie üblich mit Leni Klug verbringt. Gegen 22 Uhr verabschiedet er sich und fährt mit der Straßenbahn nach Möhringen. Am Ortsausgang in Richtung Sonnenberg entdeckte er nämlich in einem Gärtnereigelände Pflanzen, die er entwenden will. Er benötigt sie für einen Kunden, bei dem er am nächsten Tag den Garten bepflanzen soll. Zum Abtransport braucht er jedoch ein Fahrrad, das er erst noch stehlen muss. Emil T. legt die herausgerissenen Pflanzen am Wegesrand bereit, findet kurz darauf ein passendes Damenfahrrad mit Gepäckträger in der Nähe des Bahnhofs Möhringen und radelt an die Stelle, an der er die Pflanzen deponierte. Er reißt noch einige Büschel heraus, versteckt sie und fährt nach Degerloch, wo er das Fahrrad am Albplatz abstellt, nach Hause geht und sich zum Schlafen niederlegt. Vor Tagesanbruch holt er einen Anhänger, bindet ihn an das gestohlene Fahrrad und holt seine abgelegten Pflanzen, die er daraufhin in der Kremmlerstraße abstellt. Mit dem gestohlenen Fahrrad fährt er nach Hause und legt sich nochmals ins Bett.

Als ihn die Wirtin gegen 8 Uhr weckt – zwei Beamte wollen ihn sprechen –, spürt Emil T. überhaupt keine Nervosität. Es geht um falsche Eintragungen bezüglich seines Dreirades, das er 1954 kaufte. Nach einer Stunde verabschieden sich die beiden Beamten. Emil T. begibt sich ins Café Klein, informiert sich in den Tageszeitungen über die neusten Entwicklungen im Fall Göhner, holt seine gestohlenen Pflanzen und verbringt den letzten Abend in Freiheit zu Hause in seinem Zimmer.

DIE FESTNAHMEN Als am Morgen des 6. Mai Kriminalbeamte den Mörder in seinem Zimmer aufsuchen, ist er überhaupt nicht aufgeregt. Er glaubt zunächst, dass es sich um eine rein routinemäßige Überprüfung handle, da er ja Rheinländer ist. Während Emil T. ins Polizeipräsidium zur Vernehmung gebracht wird, finden die Kriminaltechniker in seinem Zimmer weitere Indizien, die auf die Täterschaft Emil T.s hinweisen: Papierschnipsel, Schnüre, eine Gesichtsmaske und die Wellpappe, mit der die erste Anweisung eingepackt war. Die Polizei nimmt auch Leni Klug vorläufig fest und vernimmt sie getrennt von Emil T. Nach dem Abgleich der Vernehmungen steht fest, dass Leni Klug weder an der Entführung beteiligt war noch die geringste Ahnung von den Taten Emil T.s hat. Schwer gezeichnet muss sie sich in eine langwierige psychiatrische Behandlung begeben – sie wird sich von den Geschehnissen nie mehr wirklich erholen.

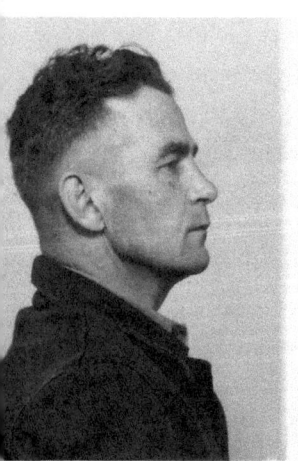  

Emil T. nach der Festnahme, Lichtbilder der erkennungsdienstlichen Behandlung

Am 7. Mai 1938 erlässt der Haftrichter beim Stuttgarter Amtsgericht Haftbefehl gegen Emil T. wegen erpresserischem Menschenraub und Mord an dem sechsjährigen Joachim Göhner. Am 12. Mai um 20.20 Uhr legt Emil T. in den Vernehmungsräumen der Mordkommission in der Heusteigstraße 45 vor dem Leiter der Sonderkommission, Kriminalhauptkommissar Frey, ein erstes Geständnis ab, das auf Tonband aufgenommen wird. In den Folgetagen erstellt Emil T. 20 handgeschriebene Zettel, in denen er die Tat im Einzelnen nachzeichnet. 50 Schreibmaschinenseiten umfasst das Protokoll, darunter T.s selbst gefertigte Tatortskizzen. Die Planung und Tatausführung in allen Einzelheiten entwickelte Emil T. selber, lediglich die Idee der Entführung und Lösegeldforderung entnahm er einem Illustriertenartikel.

DAS ENDE VON EMIL T. Obwohl Emil T. zu keinem Zeitpunkt Selbsttötungsabsichten äußert, trifft die Polizei bereits vor seinem Geständnis entsprechende Sicherheitsvorkehrungen. In seiner Zelle befinden sich keinerlei Haken, der Gürtel wird ihm abgenommen, ebenso die Schnürsenkel. Zellenkontrollen erfolgen in kurzen Zeitabständen. Das Zusammenlegen mit anderen Häftlingen oder gar, wie von der Presse gefordert, mit einem Kriminalbeamten, verbietet sich aus rechtlichen, vernehmungs- und kriminaltaktischen Gründen. Eine Fesselung scheidet genauso aus, da bei Emil T. keine Suizidgefahr gesehen wird und er auch nie Andeutungen in diese Richtung geäußert hat. Und doch passiert das Unerwartete: Am 23. Mai 1958 gegen 3.40 Uhr reißt Emil T. je einen Streifen von seiner Wolldecke und seinem Hemd ab und erhängt sich an einem an der Decke entlanglaufenden Rohr in seiner Zelle in der Polizeihaftanstalt in der Dorotheenstraße 10, dem geschichtsträchtigen Ort des ehemaligen Hotel Silber.

Über die Gründe für die Selbsttötung kann man nur spekulieren:

Stuttgart den 18.5.1958

Ich Emil Tillmann möchte hier den Verlauf der Planung und Ausführung Wahrheitsgemäß wiedergeben, also genau wie sich alles zugetragen hat.

Ich schreibe dieses aus freiem Entschluß und ohne Anleitung einer zweiten Person in meiner Zelle in der Kriminal-Haftanstalt um den Personen die bis jetzt Unschuldig und ferner solchen Personen die in Kürzester Zeit zwangsläufig Unannehmlichkeiten zu ersparen.

Es ist ferner mein ausdrücklicher Wunsch nach meiner Wahrheits mäßigen Wiedergabe des ganzen Verlaufs der Tat so schnell wie möglich ein Experiment an mir auszuführen, um das ich schon mehreren der mit kommenden Beamten dringend gebeten habe. Es ist mir gleich ob dasein Experiment durch einspritzung einer Droge, oder durch einen Lügendetektor vorgenommen wird.

Ich erkläre mich auch damit einverstanden mich über meinem ganzen Lebenslauf aus zu fragen und alles auf ein Tonbandgerät aufzunehmen.

Da es mir darum geht, Unschuldige und auch anderen Personen viel Leid zu ersparen bitte ich darum das Experiment so schnell wie möglich an mir zu erproben.

Das handgeschriebene Geständnis von Emil T., datiert vom 28. Mai 1958

Emil T. forderte, unter Hypnose vernommen zu werden oder zumindest an einen sogenannten Lügendetektor angeschlossen zu werden, um zweifelsfrei seine Alleintäterschaft zu beweisen. Nicht der kleinste Verdacht einer Mitwisserschaft oder gar Beteiligung sollte an seiner Geliebten Leni Klug hängen bleiben. Zu diesem Zeitpunkt waren die Vernehmungen bereits abgeschlossen, es stand nur noch die Rekonstruktion der Tat – wie er glaubte in der Öffentlichkeit – bevor. Die Befürchtung, hierbei noch einen Gelddiebstahl zum Nachteil seiner Freundin zugeben zu müssen, belastete den Täter seelisch offenbar mehr als sein Mord an dem Jungen. Der einzige Mensch, der ihm so etwas wie Zuneigung und menschliche Wärme entgegengebracht hatte, wendete sich nun tief enttäuscht von ihm ab. Emil T. sah offenbar keinen Sinn darin weiterzuleben.

In seinem kurzen, an Kriminalhauptkommissar Frey gerichteten Abschiedsbrief beteuert Emil T. noch einmal die Unschuld seiner Freundin und setzt sie zu seiner Alleinerbin ein.

DANKSAGUNG

Schon während und besonders nach meiner Laufbahn bei der Stuttgarter Polizei habe ich mich als passionierter Polizeihistoriker betätigt. Tiefe Einblicke in die faszinierende Stuttgarter Polizeigeschichte erhielt ich beim Aufbau des Stuttgarter Polizeimuseums. Als ich mich im Zuge der Recherchen durch die Zeit des Nationalsozialismus durchgearbeitet hatte, stieß ich in den Akten der Nachkriegsfälle immer wieder auf Namen von Vorgesetzten oder Kollegen, die mich in meiner aktiven Dienstzeit begleiteten und prägten. Zuvorderst möchte ich mich bei meinem ehemaligen Chef Kurt Frey bedanken, dem legendären Stuttgarter Kripo-Urgestein, der bis kurz vor seinem Tod im Frühjahr 2016 immer ein offenes Ohr für mich hatte und mir viele Details aus seinem kriminalistischen Leben der Nachkriegszeit berichtete. Aber auch der ehemalige Landeskriminaldirektor Gosbert Müller und Sepp Kögel, langjähriger Leiter des Dezernats für Todesermittlungen beim Polizeipräsidium Stuttgart, konnten manche historische Lücke schließen. Ganz besonders bedanke ich mich bei meinen Freunden vom Polizeihistorischen Verein Stuttgart e.V., die mich mit Bildmaterial und Literatur für dieses Buch unterstützten. Eine nicht alltägliche Hilfestellung erfuhr ich durch Dr. Martin Häußermann vom Staatsarchiv Ludwigsburg, der meinen vielfältigen Archivwünschen immer nachkam. Mein Freund und unser Museumsgrafiker Lutz Eberle unterstützte mich bei der Zusammenstellung der Bildauswahl und gestaltete den Buchumschlag. Mein größter Dank gilt Heidi Debschütz, die mir in vielen Diskussionen Orientierung gab, meine Zweifel ausräumte und mich immer wieder ermutigte, nicht nachzulassen. Mit ihrem sprachlichen Feinschliff polierte sie die Fälle auf Hochglanz.

Frau Sandmann vom Gmeiner-Verlag führte mich als Autoren-Neuling sicher und verständnisvoll an das Ziel.

Last not least gilt es noch, einen familiären Dank auszusprechen. Meine Frau Bettina und meine Kinder Anna-Katharina und Ludwig lasen die Skripte von einer anderen Wahrnehmungsebene aus, was zu vielen fruchtbaren – manchmal heftigen – Diskussionen führte, aber den Familienfrieden nicht bedrohte und das Ergebnis verbesserte.

QUELLENVERZEICHNIS

Vorwort: Erwin Neff: Die polizeiliche Lage in Stuttgart nach der Kapitulation und in der Folgezeit, Kulturamt Stuttgart, Stuttgart 1954, S. 2, 1; **Affekt oder eiskalter Mord?:** Staatsarchiv Ludwigsburg (STAL) FL 31/2 Bü 5700 und EL 51/3 Bü 61; **Tod einer Schwarzhändlerin:** STAL EL 51/3 Bü 62; **Mord an einem Polizeibeamten: Der Fall Boris J.:** STAL EL 51/3 Bü 68; **Der Todesfahrer:** STAL EL 51/3 Bü 72; **Wildwest im Kino – und noch ein Mord:** STAL EL 51/3 Bü 79 und EL 51/3 Bü 81; **Wenn die Fantasie Amok läuft:** STAL EL 51/3 Bü 160; **Der erste Kidnapping-Fall in Deutschland:** STAL EL 51/3 Bü 179

Sofern hier nicht gelistet, stammen alle Bilder mit freundlicher Genehmigung vom Polizeihistorischen Verein Stuttgart e.V. Michael Kühner: S. 13.

JAN WIECHERT
Böse alte Zeit
Kriminalfälle aus der hohenlohischen Geschichte
....
978-3-8392-2164-8

Die gute alte Zeit? Von wegen! Neun authentische Kriminalfälle aus drei Jahrhunderten gewähren einen tiefen Blick in düstere Kapitel der hohenlohischen Geschichte. Dabei geht es nicht allein um blutige Taten und ihre oft grausame Bestrafung. Auch von der Lebenswelt der Täter und Opfer, dem Alltag der kleinen Leute aus Hohenlohe, berichtet dieses Buch. Mal tragisch, mal komisch, oft überraschend und immer auf der Grundlage historischer Dokumente. Spannender lässt sich Regionalgeschichte nicht erzählen.